妙法蓮華經導讀

夢參老和尚講述

目錄

弁言

成佛的法華是建立在超越身份、性別、善惡、時空的普遍授記上，這不但是大乘佛法的基石，也是中國佛教最具特色的教理。

爲此，我們從夢參老和尚的《妙法蓮華經講述》與二〇〇九年香港開示，彙整爲《妙法蓮華經導讀》。

本書內容分三部份，第一爲「心悟轉法華」與「法華問答」，老和尚以深入淺出的方便義理，導入一乘的眞實境界；第二爲《妙法蓮華經講述》的玄談，從「緣起性空」鳥瞰法華開權顯實的大意；第三爲摘錄《妙法蓮華經觀世音菩薩普門品》的講述內容，權以此經文的淺釋，引導讀者逐步契入《法華經》的奧理。

惟因《法華經講述》的玄談，引證大量的佛經論典，爲方便讀者進一步延伸閱讀，以「編者按」的方式注明相關經論的出處，並依清代道霈法師《法華纂要》暨大義法師《法華大成》校正名相，補實文句，望識者見諒，是爲禱！

歲在壬辰　方廣文化謹誌於青田朝陽

深山中的一盞明燈

夢參老和尚生於西元一九一五年，中國黑龍江省開通縣人。年少輕狂，個性機靈、特立獨行，年僅十三歲便踏入社會，加入東北講武堂軍校，自此展開浪漫又傳奇的修行生涯。

隨著九一八事變，東北講武堂退至北京，講武堂併入黃埔軍校第八期，但他未去學校，轉而出家。

他之所以發心出家是因為曾在作夢中夢見自己墜入大海，有一位老太太以小船救離困境。這位老太太向他指示兩條路，其中一條路是前往一棟宮殿般的地方，說這是他一生的歸宿。醒後，經過詢問，夢中的宮殿境界就是上房山的下院，遂於一九三一年，前往北京近郊上房山兜率寺，依止修林和尚出家；惟修林和尚的小廟位於海淀藥王廟，就在藥王廟剃度落髮，法名為「覺醒」。但是他認為自己沒有覺也沒有醒，再加上是作夢的因緣出家，便給自己取名為「夢參」。

當時年僅十六歲的夢參法師，得知北京拈花寺將舉辦三壇大戒，遂前往依止全朗和尚受具足戒。受戒後，又因作夢因緣，催促他南下九華山朝山，正適逢六十年舉行一次的開啓地藏菩薩肉身塔法會，當時並不為意，此次的參訪地藏菩薩肉身，卻為他日後平反出獄，全面弘揚《地藏三經》法門，種下深遠的因緣。

在九華山這段期間，他看到慈舟老法師在鼓山開辦法界學苑的招生簡章，遂於一九三二年到鼓山湧泉寺，入法界學苑，依止慈舟老法師學習《華嚴經》與戒律。

鼓山學習《華嚴經》的期間，在慈舟老法師的親自指點下，日夜禮拜〈普賢行願品〉，開啓宿世學習經論的智慧；又在慈老的教導下，年僅二十歲便以代座講課的機緣，逐步成長為獨當一面，口若懸河，暢演《彌陀經》等大小經論的法師。

法界學苑是由虛雲老和尚創辦的，經歷五年時間停辦。學習《華嚴經》圓滿之後，夢參法師又轉往青島湛山寺，向倓虛老法師學習天臺四教。

在青島湛山寺期間，他擔任湛山寺書記，經常銜命負責涉外事務。曾赴廈門迎請弘一老法師赴湛山，講述「隨機羯磨」，並做弘老的外護侍者，護持弘老生活起居半年。弘一老法師除親贈手書的〈淨行品〉，並囑托他弘揚《地藏三經》。

當時中國內憂外患日益加劇，日本關東軍逐步佔領華北地區，在北京期間，以善巧方便智慧，掩護許多國共兩黨的抗日份子幸免於難。一九四〇年，終因遭人檢舉被日軍追捕，遂喬裝雍和宮喇嘛的侍者身份離開北京，轉往上海、香港；並獲得香港方養秋居士的鼎力資助，順利經由印度，前往西藏色拉寺依止夏巴仁波切，學習黃教菩提道修法次第。

在西藏拉薩修學五年，藏傳法名為「滾卻圖登」；由於當時西藏政局產生重大變化，排除漢人、漢僧風潮日起，遂前往青海、西康等地遊歷。一九四九年底，在夏巴仁波切與夢境的催促下離開藏區。

此時中國內戰結束，國民黨退守台灣，中華人民共和國在北京宣布成立。一九五〇年元月，正值青壯年的夢參法師，在四川甘孜時因不願意放棄僧人身份，不願意進藏參與工作，雖經過二年學習依舊不願意還俗，遂被捕入獄；又因在獄中宣傳佛法，被以反革命之名判刑十五年、勞動改造十八年，自此「夢參」的名字隱退了，被獄中各種的代號所替換。

他雖然入獄三十三年，卻也避開了三反五反、文革等動亂，並看盡真實的人性，將深奧佛法與具體的生活智慧結合起來；為日後出獄弘法，形成了一套獨具魅力的弘法語言與修行風格。

時年六十九歲，中央落實宗教政策，於一九八二年平反出獄，自四川返回北京落户，任教於北京中國佛學院；並以講師身份講述〈四分律〉，踏出重新弘法的第一步。夢老希望以未來三十三年的時間，補足這段失落的歲月。

因妙湛等舊友出任廈門南普陀寺方丈，遂於一九八四年受邀恢復閩南佛學院，並擔任教務長一職。一方面培育新一代的僧人，一方面開講《華嚴經》，講至〈離世間品〉便因萬佛城宣化老和尚的邀請前往美國，中止了《華嚴經》的課程。

自此在美國、加拿大、紐西蘭、新加坡、香港、臺灣等地區弘法的夢老，開始弘揚世所罕聞的《地藏三經》：《占察善惡業報經》、《地藏經》、《地藏十輪經》與〈華嚴三品〉，終因契合時機，法緣日益鼎盛。

夢老在海外弘法十五年，廣開皈依、剃度因緣，滿各地三寶弟子的願心。夢老所剃度的弟子，遍及中國大陸、臺灣、香港、加拿大、美國等地區。他並承通願法師之遺願囑託，鼎力掖助她的弟子，興建女眾戒律道場；同時，順利恢復雁蕩山能仁寺。

年屆九十，也是落葉歸根的時候了，夢老在五臺山度過九十大壽，並勉力克服身心環境的障礙，在普壽寺開講《大方廣佛華嚴經》（八十華嚴），共五百餘座圓滿，了卻多年來的心願。這其間，又應各地皈依弟子之請求，陸續開講〈大乘起信論〉、《大乘大集地藏十輪經》、《法華經》、《楞嚴經》等大乘經論。

夢老在五台山靜修、說法開示，雖已百歲高齡，除耳疾等色身問題外，依舊聲如洪鐘，法音攝受人心；在這期間，除非身體違和等特殊情形，還是維持長久以來定時定量的個人日課，儼然成為深山中的一盞明燈，常時照耀加被幽冥眾生。

二〇一七年十一月二十七日（農曆丁酉年十月初十申時），圓寂於五台山真容寺，享年一〇三歲。十二月三日午時，在五台山碧山寺塔林化身窯荼毗。

夢參老和尚出家八十七載，一本雲遊僧道風，隨緣度眾，無任何傳法舉措，未興建個人專屬道場。曾親筆書寫「童貞入道、白首窮經」八字，為一生的求法修行，作了平凡的註腳。

二〇一七年冬　方廣編輯部修訂

心悟轉法華

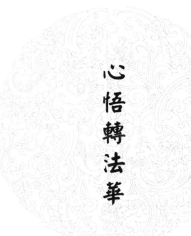

心悟轉法華

《法華經》是成佛的法華

佛陀降世到人間，佛法的所有精華都蘊藏在經典之中。我們讀誦經典，從文字而了解它的真正意義，如果沒有文字流傳下來，佛法就不能流通。因為經典的智慧不受時間的限制，也不受語言的限制。沒有種族，沒有印度跟中國地域的隔閡，也沒有時空的限制，不管信仰的差異如何，人類的智慧是共通的。

在佛經上，《法華經》是成佛的法華。《法華經》是佛經中最圓滿的、最究竟的道路。大家共同學習，就可以得到《法華經》的法味和滋潤。自從《法華經》傳到中國以來，大家都公認，佛陀的一切圓滿智慧都可以從《法華經》表現出來的，它含攝著大乘、小乘、顯教、密教一切教義的精華。這是我們共同承認的。在佛教史上，《法華經》這部經起了這麼大的作用。

這部經是鳩摩羅什法師翻譯的，傳到中國之後，這部經的影響就一天比一天擴大。從隋朝開始，智者大師專攻《法華經》，並創立一宗，叫天臺宗。這一宗傳到現在還延續著。

天臺宗從智者大師開始，一代一代的祖師都為《法華經》作註釋，給後來的學習者作啟發，讓我們能夠從這部經領受智慧。我們知道《法華經》是開示悟入佛之知見，讓人人都能夠具足佛的知見，有佛的知見，再學一切法，最後直至成佛。

佛具足圓滿無礙的智慧，以善巧方便來教化我們、覺悟我們。佛在世的時候，講這部經典用蓮華作比喻。我們求生極樂世界的時候都知道蓮華化身，佛有法身、報身、化身。報身是盧舍那佛，盧舍那佛在這裡坐的是千葉蓮華。盧舍那佛化現釋迦牟尼佛，一個蓮華一個釋迦牟尼佛，千葉蓮華就有千釋迦。每一釋迦佛又化現千百億菩薩釋迦，這千百億菩薩釋迦都以善巧方便化度眾生，讓眾生都成佛。

《法華經》開示悟入佛之知見

這是根據《法華經》來的開示悟入佛之知見。因為我們的性體是平等的，沒有差別，但是眾生的業，乃至於信佛之後所修行的進度，是有所差別的：有的是聖人，有的是賢人，有的是凡夫。歷代祖師已經成為聖賢者，他們都是依著佛的教誨，把自己心裡的蓮華開敷清淨了，得到佛的智慧。那就是《法華經》的基本要義。

佛經就是佛說法的記錄，每位道友讀誦經典的時候，你就通過文字來理解佛的現實生活，讀哪部經就回到哪部經所說的法，回到現實當中。

我不曉得諸位道友們有沒有這種想法，當你讀《法華經》的時候，舍利弗向佛請問：「如何能夠啟發我的心？如何能進入佛教的真實意義？」每部經都如是。舍利弗問佛：「云何開佛的知見？云何入佛的知見？」我們請佛說一切開示，目的是什麼？想明心見性，想悟得我們的心。

誦《法華經》靈山一會儼然未散

在隋朝的時候，智者大師誦《法華經》、學《法華經》、悟《法華經》，他是真正悟入佛的知見。因此他證到靈山一會儼然未散這種境界。不曉得諸位道友念《法華經》的時候有沒有感覺靈山一會儼然未散？無論你讀哪部經，感覺經中的現實境界你進入了，早晨三、四點鐘或者夜間十一、二點鐘，你讀誦大乘、精進修行的時候，會有種特殊的感覺，你讀哪一部經就進入哪部經的情況，好像也進入經中的現實境界中。

這種情況我在五台山有多次示現。這並不是成道，也不是開悟，而是精進境界相，你的心靈跟境界相相合。我們經常講在日常生活當中，不只生活，佛弟子在讀誦大乘經典的時候，若身心都進入那種境界，這個時候自己感覺不愧為佛弟子，對佛對眾生，上不愧著諸佛、下不愧眾生。不要把佛陀理解成很微妙很神聖，佛陀是人，他示現人間，佛陀所做的，我們如果學習也能做得到，只是證悟有所不同。因為我們也是人，佛也是人，我想這個道理大家都懂。

想行菩薩道　就從受三皈開始

在二千五百多年前，釋迦牟尼佛對其他人而言，他具有超越的力量；現在有些人的智慧也超過常人，悲心切，利生的力量就強。每位道友當你發了菩提心，想行菩薩道，就從受三皈開始。在座的每位道友都受過三皈，從你受三皈開始起，你就是菩薩。

最近給道友受三皈的時候，我讓他們承認自己是菩薩，為什麼呢？菩薩是印度話，完整翻譯是「菩提薩埵」，翻成中國話就是「覺有情」，讓一切人都明白，讓一切人都覺悟。我們現在很不清淨，覺悟就是讓我們都很清淨。心清淨了，一切諸法的法也清淨。這句話的涵義就是人人可以成佛，但是根機有差異。有的是利根，他皈依三寶就能度化別人，勸別人也皈依三寶，也信仰三寶，這就叫行菩薩道。當你信佛，得到佛菩薩的加持力量，得到這種好處，就把你所得的好處向別人介紹，勸別人也來信仰。

在五台山，有很多人來求皈依，一般的是一次一二十個人，求什麼呢？求佛菩薩加被。為什麼求佛菩薩加被？因為社會上的災難特別多，免脱災難的方法是什麼呢？求佛菩薩，這是有善根的人。如果他有災難，自己沒辦法解決，也不知道求佛菩薩，他會繼續作惡，繼續造業。

今天看香港報紙上登的，有三位女孩子才十幾歲，就去搶劫。人家一逮就給逮到了，她哪跑的脱。因為她對於世間的意識不夠，對自己也了解不夠，還是個孩子。為什麼要犯罪？為什麼不向善心所住？我們經常説「業障！業障！」這就叫業障。我那時候正備課講《法華經》，假使她也念念《法華經》，哪能做這些事，《法華經》的力量就會加持她。

佛是在晚年才說《法華經》

佛不是一成佛道就說《法華經》，佛說《法華經》的時候已經是晚年了。佛在將要涅槃的時候才說《法華經》，佛在他成佛之後的這段時間，說的都是二乘法、苦集滅道法，到了晚年才說《法華經》，才說這個究竟成佛的法門。

《法華經》，若以時間、空間說，都是超越的，《法華經》是成佛的法華，以一般佛教的教義說是入實相，實相者就是佛所證得的，超凡入聖的自證境界，在一切經論上講，那叫佛所證得的真如、實際、法性，在《華嚴經》就叫法界。

佛已經證得如來的真實境界，沒有生死，也沒有來去，一切事物無能無所，這是他的觀念、他的境界。法性理體，法性、涅槃、實相、一真法界，這都是佛證得的究竟名詞。實際上代表證得的佛性，各部經典所說的名詞有所不同，在《華嚴經》叫法界，叫一真法界。佛性，在一般經論上都說證得佛性，證得佛性的涵義呢？就是佛雖然在人間，他所證得的超過人間，超過凡情，不是凡夫的心。佛雖然也是人，但是他的心超過常人。平常人愛發脾氣，什麼事也迷惑不知道，做什麼事情，經常的顛倒、錯誤、執著，沒有能力辨別是非。

佛證得了，這些他都明瞭，都能辨別；所以這個時候佛才說究竟的深義，說《法華經》。徧觀眾生，佛就到靈鷲山說《法華經》，那些弟子都是阿羅漢有神通的。靈鷲山很偏僻，凡夫很少到那個地方，所以佛選擇靈鷲山說《法華經》。

有些事情跟我們佛弟子講，大家都信，認為這是佛的聖跡。可是給一般的世間人說，他不會信了。為什麼？很多問題是超越時間，超越空間，那就是我們佛陀證悟的實相境界。我們是佛弟子，沒有證道，沒有見道，但是我們對佛的一切聖諦深信不疑。因為佛是超凡的，他所有的行為，所證得的實相，所證得的法身，那是展現真如法性，不是凡夫。

雖然不能證得　要堅信不移

我們佛弟子雖然不能證得，但是還有這種覺悟。什麼覺悟呢？堅信不移。因此我們對佛所說的聖諦，雖然沒有證入，我們一定要相信。所以在佛陀教法的當中，佛在《法華經》當中，對一切眾生都授了記，凡有受三皈的都能成佛，但是成佛的時間長了一點，在《法華經》〈授記品〉，一切眾生，佛甚至於給我們這些未來眾生都給授記了，只要你人佛門，皈依過三寶都能成佛。

但是這只是說你有成佛的能力。你的本體有成佛的種子跟佛無二無別，佛教授我們要超越時間，要超越空間。不論經過時間有多長，反正決定能成佛。最近讀〈普賢行願品〉，我體會到另一個問題，在這裡也跟大家共同印證是不是對的。凡是讀過〈普賢行願品〉都能往生西方極樂世界。〈普賢行願品〉說，凡是讀過〈普賢行願品〉，見到過〈普賢行願品〉，你都能生西方極樂世界。一生沒生到，二生。二生沒生到，三生，不會超過三生。

你讀過〈普賢行願品〉，來生一定相續，一定還能遇到〈普賢行願品〉，我就聯想到本煥老和尚，這是大家熟悉的。他在五台山的時候，用血書寫的〈普賢行願品〉，經過七八十年消失了，結果有位和尚給他送回來，又出現了。現在印了很多跟大家結緣，這都是佛法的不思議事。我們學佛的人，絕對可以成就。

聞到《法華經》的名字 一定能成佛

現在大家聞到《法華經》的名字，一定能成佛，你要是沒有這個善根，沒有這個因緣，《大乘妙法蓮華經》這個名字永遠聽不到。這個世界現在有六十多億人口，還不說學習，也不說讀誦，就是僅僅聽過《大乘妙法蓮華經》這個名字，你簡擇一下有好多？

最近從五台山下山的時候，從北京來了二百多人受三皈，那天在我授三皈的時候，參加受三皈的一共有六百多人，但是我們只發了二百多份皈依證。你若問問他們，聽過《大乘妙法蓮華經》名字嗎？受三皈的人能聽見《大乘妙法蓮華經》或《大方廣佛華嚴經》和《金剛般若波羅蜜經》嗎？能聽見這部經的名字，受三皈的人也不多，能聽到名字的，一百個人也只有幾十個人，如果沒入佛門的，沒有皈依佛法的，他能聽過這部經的名字嗎？還不說這部經典的涵義。

佛雖然是在人間，但是他的心識超越凡人，他的心不是凡心，也不是我們的心識。雖然他也是人，但是沒有無明。隨便哪一個人都有無明，沒有無明的人不是人了，而是佛了。假使我們學佛的人認得什麼叫無明、什麼叫執著、什麼叫顛倒。雖然知道了，意識不能頓斷，但是逐漸的斷就可以覺悟。

《法華經》隨處可入

這個道理我想諸位道友都明白，就像我們聞到《法華經》，《法華經》的大門是永遠不關的，《法華經》無門哪！隨處可入，只要我們聞到、肯讀誦法華。不過有人說：「心悟轉法華」，心都悟得可以轉法華，但是「心迷法華轉」。

心迷法華轉 怎麼辦？

有人問我這麼個問題，「老法師，心迷法華轉，那怎麼辦呢？」「轉轉，你就不迷了。你在迷的時候法華轉，心迷法華轉你，轉來轉去你就不迷了，你就變回來轉法華，明白了就轉法華，迷的時候法華轉，反正是入了法華，以這個心情來學《法華經》，一定能成道。」

在經文當中有些境界相，不要看得太神妙，以我們的凡情、意識，就能悟入佛法甚深的精髓。只要你入門，《法華經》就告訴你，「若人入於塔廟中，單合掌小低頭，皆已成佛道。」有的經文解釋為「皆悉成佛道」，這部經的文字有很多人誤解，沒有懂得經文的意思。

我在廈門閩南佛學院的時候遇過一位廈大的教授，他天天到廟裡頭拜佛，看我們那標語，「若人入於塔廟中，單合掌小低頭，皆已成佛道。」就跟我們小和尚說，這個標語寫錯了，小和尚說沒錯呀！那是《法華經》上的話。他說：「我天天來磕頭，不單是小低頭，還是雙膝磕，天天拜佛，到現在連門都沒有入，你們卻寫已經成佛道。」

那小和尚沒辦法，就領他來問我，他說：「老和尚，你們寫錯啦！」我說：「沒寫錯。」他說：「怎麼講？」那時我桌上擺的一部經就是《心經》，我說：「你念念《心經》。」他一念就念錯了，「南無觀世音菩薩。」我說：「雖然你是個老教授，連字都不認識。」他說：「這字怎不認識？」「南無」啊！我說：「我們和尚可不是這麼念哪。」「它是念什麼？」我說：「念【南無】！」他就瞪眼了。

我說：「經上的話沒錯，那是過去諸佛一稱【南無佛】種的善因，就成了佛，你一到廟裡頭來，能磕個頭念念【南無佛】，你念【南無佛】也好，也能成佛，但不是現在，還得修、還得學，不要理解錯了。因為你對佛法還沒有入門，連字都不認識，怎能夠懂得它的義理呢？你雖然是大學教授，但是對佛門，那是另一回事。」

這個涵義是什麼？很多道友信佛好多年，不相信佛也不相信自己。我這些話諸位道友可能有些意見，我們雖然稱佛弟子，可能有些還沒有入門。不錯，你也受了三皈也入了佛門，乃至於出家當和尚，對經上的涵義沒辦法理解，像《妙法蓮華經》〈如來神力品〉，在座道友，你信嗎？如來的神力，佛把舌頭一伸，這個舌頭就能偏三千大千世界，你能相信？以我們的舌頭能偏這個佛堂嗎？能有這個事情嗎？佛伸出他的舌頭能夠徧三千大千世界，信不信？

我們看佛的現相　沒有看佛的本質

有很多問題，我們理解佛的力量只是看現相，沒有看見佛的本質。佛的力量是無窮的。他舉舌根這一法，這是佛經的涵義。修那一法，那一法為主，舉佛的舌根，以舌根為主。舉佛的耳根，以耳根為主。舉那一法，這一法為主。其他法都為伴。這是《華嚴經》的涵義，所以一微塵，這一微塵是主，其他的所有大千世界無量世界都是伴。

你明白這個道理，就明白佛說的一即一切，一切即一。佛的每個毛孔能放無量光明，每一個光明都照三千大千世界。這是什麼意思？智慧。這是代表佛的覺悟，佛的智慧，這是不可思議的。不要拿凡夫的感情去理解佛經，特別是《法華經》。如果是你沒有正知正見，沒法理解法華，所以你迷的時候，法華轉。轉轉你也能進入了，你就來轉法華，那才能產生力量。

還有，《法華經》的〈從地涌出品〉，無量千萬億的大菩薩全身都是金色，從地裡涌出，以極妙的微聲讚歎佛，到現在還在讚歎。在人間，這才二千多年。從地裡涌出那些菩薩，這一讚歎讚歎好多時間，五十個小劫，現在還在讚歎。在人間才二千多年，連一個小劫都沒有，你怎麼樣理解？

劫是印度話，印度叫「劫波」，華嚴叫「時分」。「時分」就是時間，所以一劫等於好多年呢？有人算過的，當你在人間十億年，一劫十億年。你算算這個數字，那些菩薩讚歎佛，還在讚歎。我們是看佛早就入滅，我們才二千多年，讀經讀到這些言語詞句，你不要困擾，這都是不可思議的境界。要把你的思想意識擴大成智慧去觀察，無量劫是一念而已，一念能念成無量劫，無量劫就是一念；等覺悟之後，你就明白了，刹塵的心念都可以說。佛能知道娑婆世界一切眾生的心念。我們自己的心念都說不清楚，這是你沒明白，等明白開悟的時候，你就懂得了。

我們就說觀世音菩薩，大家都熟悉的。觀世音菩薩有三十二應，豈止三十二應？度哪一類眾生就變化哪一類眾生。所以有普門示現大勢力，「門」是通達義，他對於眾生，以慈悲的心、大慈大悲的力量來尋聲救苦。

曾經有一位不信佛的問我，觀世音菩薩那樣救苦救難，「怎麼沒救到我？」我說：「你跟觀世音菩薩有什麼關係？你念過觀世音菩薩嗎？」他說：「沒念過！」我說：「那怎麼救到你頭上啊！鐘不叩不響。菩薩不求他不應，你得求才行！得知道你自己的心就是觀世音菩薩。」他說：「我不信佛，我心裡哪有觀世音菩薩。」我說：「觀世音菩薩就在你心裡，不管你信不信。」那人後來才信佛，現在信的很誠懇。

一切眾生都如是。例如讀〈普賢行願品〉，我可不是讀一、二年，自從我出家之後就讀〈普賢行願品〉，讀到現在。在監獄裡頭怎麼讀？在監獄裡頭念十大願王，我盡我背得的背，一者禮敬諸佛，乃至十者普皆迴向，念這十個等於念十大願王，有時候把它濃縮，當環境、時間不許可，你可以把它濃縮起來。

怎麼樣濃縮起來？一部《大方廣佛華嚴經》很多吧！濃縮怎麼濃縮？「南

無大方廣佛華嚴經」，你讀一遍就是《大方廣佛華嚴經》。

在鼓山，唐朝時代的一個老和尚，他從天王殿走到大殿，那侍者端個盤天天聽老和尚嘟嘟囔囔的。他說：「師父，您在幹什麼呢？」「念《華嚴經》啊！」「念多少？」「念完了。」他說：「從天王殿到大殿這麼短時間，您把一部經念完了。不信！」

這位小和尚根本不信，老和尚就想讓他信，召集了八十一位和尚在大殿裡頭，一人發一部《華嚴經》，那老和尚就分配這八十一位師父，一人念一卷，他們還沒念完，老和尚已經讀完了。每一個師父聽老和尚念的就是他那一卷，拿第一卷的聽老和尚念第一卷，拿八十一卷的聽老和尚念八十一卷。這就是普門示現大法雨，眾生心變化故，這就是佛陀覺悟的聖跡。

我們往往以自己的心情來跟佛比，有的時候還把佛的聖跡拿出來，那當然對不上號，錯的太遠了。聖跡得有聖量，以聖人的量來量聖跡，你用凡夫來量聖人是沒辦法量的。因此不要批評任何道友，你不知道別人是什麼境界，也不要批評任何法師，你能怎麼樣呢？平心靜氣入佛的思惟。根據佛教導的原意來思惟佛法，千萬莫生嫉妒，莫生障礙。每位道友都有每位道友的秘行，秘就是神秘的意思。為什麼？因為你不理解，沒有達到別人的境界，你必須得對佛說的法，佛所示現的，你經過實踐、經過覺悟才能懂得。

過去佛如是，現在佛如是，未來佛也如是。你是凡夫境界，那距離佛的境界太遠太遠了，你怎能知道？就是知道了，對你也沒什麼多大關係，消災免難的時候，對你沒有什麼多大關係。

我在五台山廣濟茅蓬一位道友，他已經開了天眼。我們在美國一位老和尚，從美國回五台山，過去他們是道友，這位老和尚說，「你哪天在上海，下了飛機誰開車子接你的，哪幾個人去接你！」他說的完全對。但是他是不是聽到了呢？沒有。他是因為靜坐的時候開了天眼，這跟生死有沒有關係呢？沒有關係。

所以有些師父，有神力沒有道力。往往道力與神力是並行的，有道力才有神力。有些只持咒、專念一部經，天眼開了，能看到一切，如果在這基礎上他能修道，成就了，了生死比一般的快。如果入了外魔邪道，認為這個就是成道，了不起了，這是錯誤的。

為什麼出家道友們要學經、要學法？你學經、學法，深入了你才知道，你所走的道路、所證得的，是錯的？是對的？不然就是你自己認識不到，有的一知半解沒學通，剛得到一點，就認為自己了不得，開悟成了聖人，這一來不升反降，不但升不上去了，反到降下來。

要常時懺悔 才驕傲不起來

所以學佛經，乃至講解佛經，必須記住普賢十大願的第四大願，「懺悔業障」。因為你常時懺悔，就驕傲不起來，總感覺無量無邊的業障，所以障礙自己成不了佛。如果你經常抱一個懺悔之心，永遠沒得魔業，永遠謙虛。即使登了初地，你還是沒登二地，如果登了八地成了不動，八地菩薩已經認為自己成佛，他就不動，十方諸佛勸他，說你距離成佛還很遠、還要修，他才重新起修。

在佛門中，以法為師的道友們，要隨時用法來警覺自己，這距離了生死還很遠。生死有二種，一種是分段生死，一種是變異生死。變異生死之後，乃至十地圓滿，還有微細塵沙習氣，還不用說別的煩惱習氣，所以永遠驕傲不起來，要經常的警策自己。

隨時檢驗自己的心

其次，一定要幫助別人了解佛法，任何時、任何處，不論有人、沒人或者自己督促，千萬不要離開佛法。自己一個人的時候並不是說你照著經本去念經，想想佛所說的話，佛所教授我們的話，那就是斷煩惱證菩提的話。要自己檢查自己的煩惱，檢查你的覺悟，你自己會知道，距離成佛相當遠，所以要隨時檢驗自己的心。

對人家都是喜悅的，都是讚歎歡喜的，不必輕易聽信別人。在任何時候都感覺比人家薄弱，隨便一位普通人，人家知道、我不知道，你就應當慚愧。往往有很多的事情，你應當發慈悲心的，看到不如你的人，就幫助別人，讓人家比你強，這才叫慈悲心。看到別人不如你、瞧不起人，你自己在那裡憍慢，這是絕大的錯誤。

學了佛了，佛告訴我們，因為有很多方便善巧可以幫助別人了解佛法，讓人人都欣入佛法，同時必須得講解明白什麼叫佛法，使人家能夠簡單明瞭，讓人人都能明瞭他自己的自心。無論從凡夫到成佛，這是必經之路，一定得覺悟。過去佛是這樣成的，未來佛也是這樣成的，過去的菩薩學經學論，現在的菩薩學經學論，未來的菩薩學經學論。

學的目的是學而行，不是學而不作，學了就要作。看見大菩薩怎麼行菩薩道的，我們自己不明白，念念的學他們，這就叫妙法。蓮華是形容詞，蓮華在那兒開著，為什麼拿蓮華來形容，別的花不行啊！因為蓮華是生長在污泥裡頭，我們在凡夫當中，在苦惱、業障深重的當中行菩薩道，這非常難。你看蓮華開出來又香潔又美觀，它可是長在污泥當中；別看不起污泥，污泥能生蓮華。別看不起煩惱，別厭離世間，菩薩行菩薩道不厭世間。厭離世間是讓你不貪戀，不是讓你離開世間，離開世間哪裡去行菩薩道。佛法在世間，不離世間覺，你在世間就在世間產生覺悟。這就是菩薩念念不忘眾生，念念不離世間。這都是從因到果。

《法華經》的殊勝 能融合一切法

講《法華經》的殊勝，殊勝在什麼呢？《法華經》能融合一切法。大乘經典有些非常深入，一般人一看大乘經典就打腦殼，為什麼？看不懂，沒法進入。《般若經》、《維摩詰經》、《大寶積經》，很多經論偏於智慧，表達的方式相當尖銳。你想進入非常困難，因為我們凡夫執著頑固，《法華經》有些涵義，可以使傳統的束縛消失。所以每一法，你從正方入不到，可以從側方面進入。

我最初依止慈舟老法師學《華嚴經》的時候，我很笨、又愚癡、又沒得學問，小學都沒有畢業，到那兒去人家最初不收我的，我沒有那個資格；慈舟老法師給我定義一下，連佛學小學資格都沒有，就想學華嚴大學？

但是佛法有特殊點，這是我體會到的，從學門你進入不了，可以從行門進入。從行進入也能開智慧，開智慧就能進入。如果經文不懂，你可以拜，《法華經》不懂，拜啊！現在你要法華轉你，等你拜成就了你就轉法華，它就轉過來了。所以面對十分精深的經，你不能進入的，那就換個方式。像《法華經》跟《般若經》、《維摩詰經》、《瓔珞經》，那些經不同，你可以拜，可以經由讀誦、懺悔的方式，對著經本懺悔。這樣你就漸漸的產生大體的思想。

有的道友跟我這樣講過，他說：「我沒有福德，這些大乘經典，我進入不了。」我說：「沒有福德，就修啊！沒得智慧，就學啊！這個不可怕，可怕的是不修不學，那才是真正的愚癡。」

矖蠟法師的啟示

我看見很多道友一個字也不認識，經過勤苦奮鬥學，不但能進入，還有所成就。像以前觀宗寺的矖蠟法師。為什麼叫矖蠟法師呢？他在金山寺當香燈，六月份的天氣，大家的衣物都拿出去晒一晒，免得發霉。這位香燈師傻傻呵呵的、愚愚癡癡的，道友就開他玩笑說：「香燈師啊！你的蠟燭、香，怎麼不也曬一曬啊！」他說：「蠟燭能曬嗎？」他說：「你不曬不就發霉了嗎？」他就把蠟燭都抱出曬去了，這一曬啊蠟燭全化了拿不回來。

到了晚上人家要坐香，維那師喊香的時候說：「你怎不點蠟？」「蠟燭都曬化了。」維那師本來是火很大，怎麼責備他呢？哎呀，他說：「你的智慧太大了！」這維那師說：「連蠟燭都去曬，你不是很有智慧嗎！可惜你在我們禪堂的用處不大。」他說：「那我應該到那兒去？」說：「你到觀宗寺去找諦老。諦老能給你智慧，你這麼大的智慧在禪堂可惜，去當法師。」

他就當真了。他就是持律法師，完了他就真的到了觀宗寺。諦閑老法師問他來這學法的因緣，經他這麼一說，諦閑老法師就笑了，人家是整他。那他能幹什麼呢？就在學堂打掃打掃清潔，打掃清潔也旁聽，他一住是十年。最後真的當法師了，外號就叫曬蠟法師。這個故事是倓虛老法師講的，那時候我們有些道友同學說很笨，倓老法師講這個故事，大家能有曬蠟法師笨嗎？你還不至於曬蠟，所以只有四個字「心誠則靈」。

牛心和尚的故事

還有，在五台山有位牛心和尚，他過去是大法師，謗毀別的法師，說別的法師像牛，笨的要死。以後他墮落五百世，他的心變成牛心，所以叫牛心法師。他在大華嚴寺住，大華嚴寺的老和尚叫他求懺悔。他就拜懺求文殊菩薩，文殊菩薩現身了，問他的過往因緣，知道他毀謗法師所以像牛，生生世世都如是。他向文殊菩薩求懺悔，文殊菩薩拿如意鉤把他的心給鉤出來，說：「我跟你這牛心換一換，你以後就可以講經了。」他以後的名字就叫牛心法師。這是五台山的故事。

謙虛謹慎

我說這些故事的意思是說，一定要問問自己的學問如何，要謙虛謹慎。普賢菩薩十大願王的第四大願，懺悔業障。普賢菩薩經常懺悔業障，他是代眾生懺悔業障。普賢菩薩十大願王，我們經常念誦，經常要懺悔業障。《法華經》是最深奧的，成佛的法華，開悟的楞嚴，你想成佛，要讀《法華經》。那得用你的心去理解，讀《法華經》是讓你發菩提心，讀《法華經》怎麼樣發菩提心呢？當你讀《法華經》，願一切眾生都成佛，願一切眾生都能讀《法華經》，願一切眾生都能得到《法華經》，得到經，能讀、能誦、能持。

法華境界　能夠包容一切

這種觀念建立起來，你就入了法華境界。能夠包容一切，千萬莫要受人家的包容，莫要受人家的原諒。我們要原諒一切而不是讓人家原諒我們，這就是法華境界。看一切眾生都是未來諸佛，《法華經》說一切眾生都授了記，都是未來諸佛，漸漸入佛道。佛曾經在《法華經》對宿王華菩薩說了一段話，他說一切的小水河溝、小河川都是以大海為主，都要流回大海。佛說一切經都要流歸於法華，因此《法華經》深遠廣大。

佛對藥王菩薩說：「我今告汝」，一切經以《法華經》最為第一。佛在一切經論之中，只有在《法華經》這樣讚歎，為什麼？因為《法華經》是圓滿的教義。不論任何眾生都把他度成佛，這才是究竟度脫眾生。所以在一切經論當中，都勸發菩提心。菩提心就是成佛的根本，沒有菩提心如何能結菩提果呢？所以勸發菩提心就是圓滿的教義。

我們每位道友，如果勸一個人念一句阿彌陀佛，你以菩提心教授他、幫助他，讓他以菩提心勸人念佛。這樣的根本涵義，只有《法華經》這樣說，說一切男子成佛必須住七寶琉璃體，只有《法華經》說女人也能成佛，《法華經》中龍女八歲成佛，這個大家都知道，只有在《法華經》中，連佛的姨媽，大愛道比丘尼，乃至佛的太太耶輸陀羅都得了佛的授記。佛是大慈大悲平等的，一切眾生都能成佛。

因此《法華經》的內容圓滿，教義廣大能含攝一切，任何眾生不會遺漏。

佛說一切法都由《法華經》出來的，「無不從此法界流，無不還歸此法界」。但是佛說《法華經》的時候，已是晚年；不是佛一成道就說，也不是中年說。

佛說《法華經》的緣起

佛有一次在摩揭陀國，摩揭陀國是在印度的東北方，他跟很多大弟子聚在一起，迦葉尊者、大迦葉、目犍連、阿難；還有成千的比丘、比丘尼；菩薩眾則有文殊師利菩薩、觀世音菩薩、藥王菩薩、彌勒菩薩，還有些是化現的天神菩薩，帝釋、龍王，凡是八部鬼神的，大家看經上都有八部鬼神，這些都不是一般的八部鬼神，都是菩薩化現的。也有帝釋天、龍王、閻羅王、在家的居士。

因為佛給大眾說《無量義經》，說完《無量義經》，佛就入了無量義三昧，在佛入定的時候，天上突然降了美妙的香花，大地六種震動，那種地震不會傷害眾生的。同時在佛的頂上放了無量的光明，這個光明照耀其他的十方世界，不止是我們這個世界；好像以佛力，把十方世界攝來眼前的奇妙景觀一樣。

這個時候彌勒菩薩說：「怎麼會有這種奇相？今天世尊突然間現這種特別的境界相，放這樣的光明？」他就回頭問文殊師利菩薩說：「佛陀為什麼現這樣奇蹟？」文殊師利菩薩就說：「佛想說大法，雨大寶，雨法雨，擊大法鼓」。

完了，文殊師利菩薩就跟彌勒菩薩說：「我曾經見過一次，以前在日月燈明佛的時候，佛也是講完《無量義經》入了三昧。在入三昧中，天演妙華，放大光明，照耀一切世界。現在釋迦牟尼佛也如是，釋迦牟尼佛要給我們說《法華經》」。這是文殊師利菩薩說的。佛要說《法華經》之前先現瑞相，一切諸佛要說《法華經》之前都如是。文殊菩薩是舉這個例子，說一切諸佛要演聖境法華的時候，一定現這個瑞相。

這時候佛已經晚年了。以前為什麼不說？如果以前說，眾生不能進入。那些在座的弟子有些會反對，現在說《法華經》時，五千比丘退席，五千比丘不聽，佛剛一答應說《法華經》，五千比丘就退席不聽。

這是緣生諸法，諸法緣生。佛自從成佛以來都是以教義為主，教義即是覺悟，教義的方法是善巧方便。因緣所生法，什麼機就說什麼法，佛說法一定是讓眾生得到利益，每演一法沒有恐怖的，現在佛從三昧當中出來，在定中出定了。須菩提說，佛的智慧甚深不可稱量，聲聞辟支佛無法達到這樣的智慧。這是佛陀晚年最重要的說法，也是說出心法的時候。諸位道友都知道，成佛的法華，大家都來學習《法華經》，當來成佛。

佛的教育是善巧方便

釋迦牟尼佛的教育，對我們而言是善巧方便。因為佛陀的一生都是教育事業，目的是教育弟子能夠覺悟，他教育的方法非常善巧、非常方便。我們一般說，對什麼人說什麼話，他這不是投機，對什麼人說什麼話，是對一切眾生應以何法得度者就給他說什麼法，這個就是佛陀的善巧方便。

佛陀說法教育眾生，目的是讓眾生都能覺悟，都能成佛，都能了生死，都能離苦得樂。我們在人生當中，你所遇到的一切麻煩，都是煩惱，乃至所生的一切痛苦，佛的三昧當中，在他定的觀察當中，他非常清楚的，對於哪一個眾生的毛病或者是存在的問題，他都能解答。

這個在佛經當中含藏的非常廣大，我們經常把佛法譬喻成廣大如虛空。虛空有好大，佛的教育方法就有好大，佛的智慧不是我們凡夫可量的。所以佛對他的弟子分成不同類型加以教化。不是說對一法就是對一切的，讓一切人都能得到利益，而是對什麼人說什麼法。但是他的弟子沒有具足佛的智慧，只能把佛的教法拿著演說而不能對機。

佛說法是對機的，對機就是對什麼眾生說什麼法，哪一類眾生聞到法了，他就得了解脫。以後他的弟子就像我這樣的人，沒有這個本事，沒有這個智慧，只能夠講一部經的大意。例如我們現在講《法華經》的大意。《法華經》深廣難測，它的義理廣大如虛空，深徹如大海，我們怎麼能來說解釋清楚呢？只能簡單給大家做一點點的貢獻。

佛說《法華經》是在定中

佛陀在世說《法華經》的時候，是在定中。在定中是觀察機，佛在每一個說法的法座都現入定。定就是在定之中，觀察一切眾生根機，他在定中成了定，對舍利弗說《妙法蓮華經》這一個法門，它的涵義是無量的。佛就向舍利弗解釋，佛的智慧是無量的，眾生的知見、眾生的根機也是無量的。因此佛能夠對機說法、因人施教，應以何法得度者就給他說法，因為佛不但洞察一切法的外相，而且能知道諸法的本性。

佛說法的大眾非常廣闊，包括的有天、有人、有菩薩、有阿羅漢，還有一般的凡夫眾生。佛以一音演說法，眾生隨類各得解，在這麼多複雜聞法當中，佛讓每個人都得到圓滿，每個人都認為佛是給他說的。所以佛的法音，佛的智慧所產生的力量，讓每個眾生都得到利益。因此佛能洞察一切眾生的萬象而達到他的本性，從力量，從作用，從因，從緣，從結果，乃至於報應；因為你的作用，一定作什麼業得到什麼酬勞，那就叫報應。因為佛的智慧是深遠的，他能夠看一切眾生的清淨本相，就知道我們的業。你不言說，他也了解，因此以善巧的方便智慧給眾生說法，我們遇見佛就能夠開悟，就能夠明心，就能夠消業障。

但是我們有這個福報嗎？能遇見佛嗎？現在我們處的是釋迦牟尼佛的末法時代，但是我們在末法時代能聞到《法華經》，把末法變成正法，只要有《法華經》的存在，有人來解說《法華經》，我們就把這個時間看成是正法，就是我們現在這個時間，不是末法，而是正法。

有《法華經》在，有出家的道友解說，我們一聞到這部經，能夠使我們的「貪、瞋、癡、慢、疑、身見、邊見、邪見、見取見、戒禁取見」這十種煩惱漸漸消失。聞法的目的就是知道，以佛的智慧教授我們，知道我們哪些是該做的，還有哪些是不該做的。

例如貪愛、憤怒、心量很小、什麼事看不開、對人家一點不滿意就仇恨憤怒，這是有智慧的嗎？這是煩惱。依著佛的教導了解這些，都是虛妄業障，不是真實。我們現在能夠依佛的智慧、佛的教導，《法華經》所說的佛的智慧，這是佛的教導。我們雖沒有遇見佛，但是我們遇見法，法在即是佛在。

我們能夠運用佛的智慧知見，把佛所說的話，自己去實行就同於佛，如果把這些邪知邪見都斷除，你就具足佛的知見，以佛的知見開智慧。有了智慧，斷除一切煩惱，斷除一切貪瞋。但是還要經過你的思考、智慧，還要修煉。佛只是告訴你一些方法，你要依著方法去作，作了之後你就能得到。

舍利弗請佛說《法華經》

最初，舍利弗請佛說《法華經》，佛不是馬上就答應，還要經過三請。舍利弗請佛說：「法王無上尊，唯說願勿慮。」佛最初說《法華經》是有顧慮的，舍利弗則是三請，他讚歎法王說，你是無上的，你是最尊貴的，請你不要有顧慮，現在這個大會的會眾都能夠聽你的話，都能敬信你的法。

釋迦牟尼佛就拒絕他說，這一法不是一般眾僧、天人、阿脩羅他們所能接受的，因此佛告訴舍利弗說，「止，不須復說」，說你不要請了！止。為什麼呢？「我法妙難思」，這個會中有增上慢者，增上慢者自以為足，叫增上慢。他聽不進去，聞必不敬信，如果我給他們說，他們聽見不信而且還謗毀。因為這一段話，佛對舍利弗說的時候，佛說法是善巧方便、對機說法，如果這個法不對機，有些人哪他不能接受，佛就不說。對機，就有利益了，佛很慎重，所以不說。

大家看到，或者請那位法師來給我們解釋一下，好像很容易，說法是讓人家領悟，但這裡頭含著有無量無邊的問題。講經還有什麼問題呢？問題可多了，大家學了就知道。作一個法師要知機知時，要特別的小心謹慎。如果不對機的，本來佛法是利益人，如果說出來讓人家生反感，乃至於造業，最好還是不說。

國王求法的啓示

在佛說的故事當中，有一位古代的國王，因為在戰爭中殺人太多了，戰爭結束之後，冤魂來找他麻煩，心中非常恐怖，因此夜間不能安眠，沒有辦法睡覺。

他就把國家大事託付大臣掌管，自己找一個法師去求懺悔，想消滅自己的罪業。

他首先遇到的一位大師是學空性的。這位大師觀諸法皆空，講空性的道理。這位法師就給國王說，殺人是惡業，但是也是空的，你經常夜間作夢，恐懼還是空的，一切諸法皆空。你若理解空了，就沒有恐怖了。這位國王聽到空義，不但不理解，感到更加恐怖，更加煩惱，於是就拔出寶劍把這位法師給殺了。殺了這位法師，國王在夜間就逃跑了。

這一來更加不安，就轉到另一間寺廟，向另一位法師問求安心之法。這一位法師也如是告訴他如何安心，如何懺悔自己業障，說你這個殺業是惡心的，你這個惡心受起報來，生生世世難得再做人，這位法師耐心的教授他。國王聽了這位法師的話，要求這位法師一定救他，這位法師教他懺悔、改過、行善、修行，給他說了一些懺悔法，這個國王就在這位法師的道場住下、懺悔修行。等懺悔進入了，這位法師才給他講空性的道理。

他就明了前頭那一位法師給他講的空性道理非常甚深，非常正確。他感覺對前頭那位法師做了最大的罪惡。這個時候他理解空性了，一切諸法皆空，不要執著，因為自己不空，所以造成了罪業、造成了不幸。他就到前頭那位大師的墓地去求懺悔。因為他知道這位大師已經了解空義，證得空義，他也就安心。「業性本空唯心造」，你的心懺悔這個，那自然的心就安了。

我們做任何的錯誤，造任何的業，佛有特殊的慈悲教我們懺悔，懺悔的方法很多，不論是觀世音菩薩懺法、地藏菩薩懺法，每位大菩薩都有懺悔法門。

這是一段故事。因為舍利弗一直想求甚深的法，請佛說法華。佛雖然拒絕不給他說，他還是一再請佛說。表示舍利弗對法不捨的，於是他又向佛請求，向佛要求，三請啊！那佛就不能不答應他。

佛就跟他說：「我同意跟你說妙法。」佛一說同意跟他說妙法，當場有五千比丘退席，這些弟子都是證得阿羅漢果的。因為佛同意舍利弗，不再拒絕他了，要教授妙法。佛一答應舍利弗說《妙法蓮華經》，法會當中有五千位弟子起身禮佛，很禮貌的離開會場。那這五千人走後，佛就給舍利弗說，大眾當中清淨了，沒有枝葉了，那五千人就是退出的枝葉。因此佛才開始講授《法華經》。

《法華經》是一乘究竟

因為前頭的小乘中乘大乘，三乘法是方便善巧，《法華經》是一乘究竟，是究竟法。所以佛說：「唯以一大事因緣故出現於世。」什麼是大事因緣？佛出世的目的就是使一切眾生能開佛知見，示佛知見，悟佛知見，入佛知見。這樣才能清淨，不悟佛知見永遠清淨不了。佛出世的目的就使一切眾生都能成佛，簡單說，願一切眾生成佛。所以佛說無邊的善巧，都叫方便。怎麼樣做才說好人，怎麼樣做一個佛子，這是我們出家人所受的戒律，就是我們在家的二眾弟子入了佛門，得受三皈五戒，你對佛法雖然學的怎麼通，沒有受三皈就不算佛弟子，你必須得接受三皈。

而且佛在這個各種形式，每一法都有每一法的形式，教導佛法的時候，層次不同、形式也不同。所以「如來一音演說法，眾生隨類各得解」，但是如來的善巧方便，我們看來如來是「一音」，實際上如來是對什麼人說什麼話。例如，我們看到佛陀在過去時間跟他的諸位弟子，那些議論、那些教導的方式，不是一生啊，把法傳授教授給你，讓你自己的覺悟、自己的解脫。完了，又把佛陀的法轉說給他人、轉授別人，讓別人也能夠開悟覺悟。這就是輾轉相傳。

但是佛在說法華的時候，已經七十多歲了，三乘教義已經說的很清楚，這個時候佛才把自己究竟覺悟的境界拿來開示其他的人。因為經過幾十年的教育，看那弟子都成佛了，這才說一乘佛教。

一乘佛教這種教法，最初說法時，佛是有顧慮的，從恐怕聞法者不能理解，所以不說的原因在此。但是因為舍利弗的一再請法，佛就隨緣而說的《法華經》。這部經的經文，大家應當常誦，不是我們這樣簡單的介紹而已。所以在說《法華經》的時候，把前頭所說的小乘中乘大乘的三乘法，會歸於真實一乘，這是佛說法的善巧方便。

但是佛的究竟目的是讓眾生達到成佛，所以在經中佛陀自己說的一個偈子：「十方佛土中，唯有一乘法，無二亦無三，除佛方便說。」說二說三、說小乘、說中乘、說大乘，那是佛善巧方便說的。「但以假名字，引導於生。」這就說明了佛說法的主題，佛一生說法的目，也是他自己的本懷，就是《法華經》，目的是讓一切眾生都能成佛。所以末法眾生所有的佛弟子，要體會佛在晚年、老年的時候，關心弟子、不捨弟子的那種心情，我們就感受到了。

佛的目的是讓他的弟子都能跟他一樣的成佛，一般都說「成佛的法華、開悟的楞嚴」，《法華經》教授我們成佛。舉我們現實的例子。現在不管你在那裡，凡是有飛機的地方，你可以在很短的時間到達我們這個法會，過去不可行、現在可以了。佛法的不思議處在什麼地方呢？就在開權顯實，這才是真正的不思議地方。人人都能成佛，這就是一乘的真諦。

前頭所說的都是方便善巧，一切法是對機的，所以佛在法華會上明明白白告訴舍利弗，我也是依循過去諸佛無量的教法，佛也是從學諸佛法，學來而成佛的。在過去我也經過無數劫、無數的時間跟無數的佛，學了無量的教法，加上自己的精勤修行才證得圓滿佛果，才得到圓滿智慧，這時候才能見到真實的本性。

學法應該要有目的

大家學法應該要有目的，不像我們平常說生極樂世界了生死，這不是目的。生死有二種，有的想了的是分段生死，應當要了的是變異生死。所以在法華會上釋迦牟尼佛明明白白告訴舍利弗，我跟你說這法也是無量佛陀、無量教法，佛佛都如是精勤修行才能得到成佛的圓滿智慧，這才能夠悟得證得法的真實本質。《法華經》上說：「諸法如是相、如是性、如是體、如是力、如是作、如是因、如是緣、如是果、如是報、如是本末究竟，一切法如是。」

這是《法華經》的真實義，同時告訴佛弟子怎麼樣成佛呢？成就什麼呢？成就自己的身口意三業。像在我們的身口意三業，口裡說了很多的錯話，身體做了很多的錯事，心裡更是不可思議，妄想紛飛。我們從一開始進入佛門，從佛的戒學開始，把我們的心先淨化一下，從佛的定學開發我們的心智，而後見到諦理得大智慧。這時候把無明與貪瞋癡，把根本的煩惱斷除了，把一切苦難都解脫，佛只能告訴我們這一切的方法，你要想得道，得自修。佛能替我們開悟成佛嗎？他只告訴一個方法，讓你自己去修，讓你自己去做。

如果我們作很多錯事，或者拜拜懺，可以修懺悔法門，避免很多錯誤的事情。照佛的儀軌去作這樣有好處。至於說消業障成佛，還辦不到。你就持續拜。為什麼？如果自己經過修煉，明白萬法唯心、心生萬法。造一切業的是你的心，你要想消除業障，得明白你的心。

用什麼心念佛

舉個例說，我們經常聽到勸人家修行的時候，念一句阿彌陀佛就夠了，這很冤枉。如果念一句阿彌陀佛就夠了，那就什麼都不用學，實際上做不到。為什麼？你用什麼心來念佛？你怎麼樣念法？念法就是修心。你這是什麼心？貪心癡心慢心這樣念阿彌陀佛，要想得到清淨，辦不到。如果我們這個杯子裝過毒藥的，不把這杯子打掃乾淨再裝上水，能喝嗎？喝了就中毒。這是說你不清淨，以貪瞋癡的心念一萬聲、念千萬聲，念到嘴唇念破了，可是你心裡的貪心不除，瞋恨心不斷，能生極樂世界？能跟佛法相應？這是不可能的。什麼都要以清淨心為主，你以什麼心來拜懺？你以什麼心來念佛？我們不要把方便善巧理解錯了。

方便善巧是用方法去修煉，方便善巧不能夠消你的業障。你得用方便善巧去行，行的時候才能消你的業障。舍利弗已經證得阿羅漢果了，他的見思煩惱斷了，當他初聽聞佛給他說一乘法門，他產生懷疑，不能進入，經過深入仔細觀察，才知道確實佛教授這個深刻奧妙的一乘法門。

當初那些弟子聽佛給他們授記，說你們都是未來的佛，都能成佛，一個一個都給他們授記，並不是馬上能接受得了。如果有一位師父跟大家說：「你們都是未來諸佛，我向你們頂禮。」如果常不輕菩薩出現跟大家磕頭，說：「你是未來諸佛，我不敢輕視你。」我想我就不會信，我不曉得大家能信的進去嗎？為什麼？跟你的事實，跟你的心，跟你的智慧不相應。

假如有人來給你們授記，我們能信他的嗎？說你一定能成佛乃至叫什麼名字，什麼什麼世界，這是不容易信入。因為我們自己得驗證現在的心，跟我們所做的事實，例如《法華經》〈授記品〉，佛給授記，是未來無量劫無量劫。在這個無量劫之中說未來的事，佛預知無量劫的事，知道你未來一定能成佛，但是這個中間經過多少萬萬億萬萬年，中間還要修。一定當作佛是未來不是現在，說我們一聞到《法華經》，我們人人能作佛，聞《法華經》這個種子種下去了。

我們種下去是黃豆，將來一定產果實產黃豆，不會產麥子的，種什麼因生什麼果，這是固定。因為現在你聞到一乘《法華經》，你一定能成佛，這個種子種下去。所以舍利弗有疑惑的時候，佛對舍利弗說，「舍利弗啊，你在過去無量世中跟我修行，發過心，我也曾教授過菩薩道；但是你中間變了，把以前的事都忘了，所以你現在修習的是聲聞道，證得的是聲聞果，你把所證得的聲聞果位，當成了已經成佛，這不是大錯特錯了，你才走了一半路、走一段路。」

經過法華會之後，舍利弗才發心行菩薩道。那麼你在未來行菩薩道，行了究竟圓滿了，在未來時候到離垢世界成為華光如來。這個時候舍利弗就信了，以前他不會信的，佛又跟舍利弗說：「我能知道我所有的弟子每個人的根機，他應以何法得能夠成就，就給他說什麼法，他就能得到什麼利益。」所以說明師難遇，我們若遇到一個明師，他能教授你方法，以他的教誨來修習，你會很快成就。

如果是一位錯誤的老師，把你指導到錯誤的路上，你怎麼修也修不成。你若拿砂子擱到鍋裡頭，要把它變成米飯，恐怕永遠也辦不到，砂子就是砂子。所以在《法華經》佛給他這些大弟子授記的時候，經過很長的過程、教導，他們才聯想到以自己的能力去修行達到成佛，所以他們在這個時候生起大歡喜。

在此之前，佛要是跟他說，授記成佛，他認為佛在開玩笑，他絕對不接受的。就像我們諸位道友，碰見那一個老和尚來跟你說，給你磕個頭，說你是未來諸佛，你一定生煩惱，或者罵我幾句，說是瘋子。為什麼？因為你知道自己距離成佛太遠，自己怎麼會是佛？但是人人都具足佛性，人人都可以成佛。學過《法華經》，你就是未來諸佛。

假使說你知道你是未來諸佛，那佛做什麼事，你現在都做的什麼事啊！改變一下吧！學著作佛事，學著利益別人，但是你得有相信的定力，這個定力是什麼呢？佛教導我們每個眾生都具足有佛性，跟佛無二無別，什麼種子決定產生什麼現相。我們都有佛種子，所以學《法華經》，明白我們將來都能成佛，雖然我們現在在三界當中還沒超出三界，貪瞋癡苦惱乃至迷惑、貪戀、不想出離，就像佛舉火宅的例子，這個地方大火要燒起來，還在裡頭玩，還遊玩，還不想出離，因為他不知道。

《法華經》舉火宅之喻

《法華經》舉火宅之喻。佛說，你不能在這個裡頭玩，很快就把你燒死，到外邊去玩。我再給你們舉一輛車，先說是三乘，羊車、鹿車、牛車，大家跑出火宅之外，結果沒有羊車鹿車，都坐一乘大白牛車，都能成佛。

我們學《法華經》之後，要建立一種思想基礎，相信人人都能成佛，因為你只是聽到《法華經》這個名字，何況我們學學它的內容，就是你這個種子已經種下去了，什麼種子呢？成佛。聞到《法華經》就是成佛種子，所以我們今生能遇到《法華經》，知道我們將來一定能成佛，我們就加強精進。佛都作些什麼事，我們自然就向成佛道路上走，佛作什麼事，我也要作什麼事，利益眾生。

你有想成佛的心情，對這個世間還有貪戀嗎？雖然一時放不下，但是你的心中有法華的種子種下去，漸漸的就輕了，能減輕你的煩惱。說三界不安猶如火宅，你們就能信入。在《法華經》〈信解品〉假這個譬喻，那些大弟子的心情都領悟，都發心想成佛，過去從來沒有這個領悟，他們認為證得阿羅漢果已經就無上了，還有什麼成佛呢？沒有。

佛在講《法華經》的時候，佛的四大弟子須菩提、摩訶迦旃延、摩訶迦葉、摩訶目犍連，他們從來沒有聽過到佛陀的這種教法，也沒有進入。因此佛給他們善巧方便因緣譬喻，給他們說，使他們都能進入。

《法華經》的善巧方便

佛說一個例子，從前有一個人年紀很輕的時候，不懂事離開家到外邊流浪，流浪了很長的時間，貧困潦倒，他已經把他的家早忘了。突然有一天又回到他自己家，但是他不認識了。因為他父親經營商業發了大財，成了這個國家的首富，他父親一直懷念他這個失去的兒子，自己的年齡也一天比一天老，他的產業這麼大，總希望能夠找到他流浪的孩子。

忽然間這個流浪兒被他父親看到了，他父親並沒有馬上認他，知道馬上認他，他不會接受的。他看他這個兒子到家門口看一看，看到大富長者坐在寶座上面很舒服，他的兒子嚇跑了。佛用這個譬喻形容每個眾生都能成佛，佛對他的佛弟子說，你一定能成佛，他知道他這些弟子接受不了的，因此才漸漸的說三乘法引誘他，漸漸的達到一乘，這個工作要經過很長的時間。

像諸位道友，自從信佛皈依三寶以來，想過要成佛嗎？我問過很多道友，最初信佛的目的是因為遭遇很多的災難，想脫離災難貧困，乃至事事都不如意，信佛的目的是想消除災難，希望生活能夠如意溫飽，達到這個目的他就滿足了。

這都是說我們剛信佛的時候，第一個就想脫離現實的災難，特別有很多的病苦，醫生沒有辦法，就求菩薩加持。最近一二十年，我在美國，乃至到大陸、到五台山所遇到的，都是為了消除病患，特別有幾種病，老年人癡呆症，還有這個癌那個癌，一癌上可就治不好了。醫院沒有辦法了，想來求佛菩薩加持，他的思想很簡單，只求恢復健康，別讓病苦纏磨，他會想到成佛嗎？假使我們的思想，只想到成佛，沒把這些災難當回事情，他的目的只求成佛，這種道友恐怕還沒有遇見，包括我自己在內，因為感覺自己距離佛的位置太遠了。

我經常聽到的，「哎呀！我的業障很重。」我很少聽到說：「我的業障很輕，我們求成佛。」為什麼我沒有聽到？因為我自己也沒有這麼大的意願，沒有發願說要馬上成佛。但是有發一個願，要幫助別人行菩薩道。因為你要想成佛，得做些成佛的事，你才能成就。

《法華經》告訴我們，你要想成佛，得行菩薩道、得幫助別人。如果時時想到自己，從來沒有想到眾生，能成佛嗎？因為佛念念眾生，沒有念自己，念念眾生，因為度眾生成佛，成佛了作什麼，度眾生。因為佛的力量更大，度眾生度的更方便。

佛說法，就像天乾熱的不得了，希望下點雨。把佛說法比喻成法雨，為什麼呢？可以消除我們的熱惱。就像天氣很熱，下點雨，馬上就涼快了。在我們生活當中所遇到的種種障礙，我們不認識它，這種障礙是我們煩惱引起的，是我們自己造的，自己造自己消除。

怎麼消除？《法華經》教授我們，法師在說法的時候一定要做好二件事。第一，所說的話必須符合佛法的精神，以佛的法印來印證，不能異動，不能自己想什麼就說什麼。這叫契合佛理。第二，契合眾生的根機，你合乎佛法的理，不相應眾生的根機，能有效果嗎？法必契理也必須契機，就是聞法的根機得要了解。契理呢？合乎佛義。契機呢？合乎眾生心。這樣子，法的效果就大，說法能夠得到利益，如果你說很深的法，解釋又解釋不清楚，人家能聽的進去啊，聽都聽不懂，聽不懂你說的幹什麼，必須得讓人家明白。

人人都能成佛 怎麼成？

例如我們說：人人都有佛性，人人都能成佛。怎麼成？成佛是有過程的，第一個你得發個成佛的心，有這麼個意願。我們經常跟大家說發菩提心，菩提心是覺悟，發菩提心是因，這個因使你達到究竟覺悟成就了，證得了菩提果，有如是因必有如是果，不是說佛要一切眾生都成佛，你就勸人都成佛，怎麼成啊，先讓人家發心，發個幫助別人心，自己明白了覺悟了，讓人家也都覺悟都明白。

那你自己得先求，現在明白到什麼程度，覺悟到什麼程度。例如世間的財色名食睡，地獄五條根斷了，不貪財，不愛色，色包括很多，不完全是男女關係，買房子、置地都屬於色，是形相之法。你把世間上的事看成是假的，看破了放下了，世間是看破放下，那求出世間。這就是成佛的因，有因才能有果，如果你這個放不下，那個你怎麼拿得起來。我們手裡頭拿個杯子，你又想去拿燈，你得把杯子放下，手空了才去拿燈。

我們每位道友，第一步，世間上任何事物沒有一點貪戀，什麼也栓不住你、什麼也掛不住你，心裡頭沒有貪戀的心，意識就不顛倒，不會為財色名食睡迷倒。你的心裡很清楚，哪些你該作、哪些你不該作，要想成佛，成佛該作什麼事，把你的身心看破、放下、自在。

有兩句話，「不為自己求安樂」，一點給自己求安樂心沒有；「但願眾生得幸福」，念念都想到別人，願別人得幸福。當你念阿彌陀佛想求極樂世界，你先得想到一切眾生，凡是在苦難當中的眾生，不要貪戀，大家都放下吧！念阿彌陀佛生極樂世界。當你作任何一些事，第一念想到眾生，念念不忘眾生，你就念念成佛，這就是佛法最上的，是治你貪瞋癡病。佛所教授的方法非常靈活的，但是眾生用起來就非常死板。

這個問題，我在五台山對那些道友講，佛制定戒律是防非止惡，防範一切錯誤的事，止一切惡事不會發生。但是這些問題從哪裡來的？從心念來的，如果是有的道友戒相一樣也不犯，可是心裡頭充滿貪瞋癡，滿腦的憤恨嫉妒障礙。雖然沒犯事相的戒，但是你心裡頭犯了根本戒。如果有煩惱、有貪瞋癡不會成佛的，連作眾生都不能作個好眾生。

佛教授我們萬法唯心，應當對治每個人的中心意識，這是你心裡的問題，如果能這樣，不論你學那部經，學那一部法，你掌握這個原則，「心生則種種法生」，萬法由心，當你心生一切法自然就生起了。「心滅則種種法滅」，有些屬於相，相由心生啊！如果沒有的心，一切法不立。

現在我們學法華是圓融無礙，如果你的觀念是死板的，不但沒學到《法華經》，那跟《法華經》是相違的。不要把佛說的法當成是種工具，因為它有種種善巧方便，佛說一切法的目的，是幫助每一個眾生除掉我們內心的障礙，也就是我們平常說的煩惱很多，執著很厲害、解脫不了，那就用佛所說的教法把它靈活起來修理修理，工具已經不靈活了生了鏽，你要把它打磨一下。

你要如是看待佛法。佛說的法就是修理修理你的身，修理修理你的心，先把你的心修理好，口、身自然就好了。因為佛所說的教法是對著一切眾生的，不是對著特定哪一個人，佛說法是教育一切眾生，士農工商這都是凡夫。佛說法也教育聲聞緣覺菩薩，特別是我們出家人都稱為佛弟子，還有在家的優婆塞優婆夷二眾弟子，你是佛弟子，已經能向佛學，佛就告訴我們一些方法，怎麼樣修理你。

修行是什麼意思

修行是什麼意思？修理你自己，你口裡說的話，你要修理修理，你身體所做的事情修理修理。最難的是心，你能夠關照你的心不起妄念，只要一念錯誤，一個念頭錯誤了，百萬障門開，你修道的障礙全出來了。成語說：「一念瞋心起，百萬障門開。」那就防範，不讓你的心產生錯覺，凡是不利於人的話，絕對不要說，不利於人的事不要做，你要是生起一念傷害別人、不利於別人、不利於大眾的心，你都注意了。佛法不是讓你去對別人的，讓你對自己的，你先修煉好自己的行為、語言、思想。

佛道長遠，每天聽到道友跟我說，乃至佛所教授我們的，你修修佛道，佛道長遠，不是很平平靜靜的，險難重重。險難從哪來？全是你的內心。所以佛就像一面鏡子似的，把我們的一舉一動照的清清楚楚，我們在行動當中、生活當中，念念之間不是善就是惡，你先把自心修理好，內心的苦難沒有了，你還有苦難嗎？把它停止下來，如果我們的內心調理好，順著佛的教導而去作，這不是一天二天，也不是一生二生，每位道友入佛門以來，不是今生一生二生，多生了。

為什麼久留人間還沒有成道？心還不入道？這有兩種，一種是業障沒有消，一種是願力，願力就不同了。你的願力常時幫助別人，別人解脫了你就歡喜了，別人解脫，甚至於比自己解脫還重要，這就發菩提心。發菩提心的人才能有這種的觀念，他心裡想的全是別人、沒有自己，直到成佛是最好的、是最美妙的，他願一切眾生都成佛。當然這種是大菩提心，因為在生活的輪轉當中，這個生命無窮無盡的，生命從什麼時候開始，我們沒有這個智慧，生命是無始的，生死是無窮的，是輪轉的。

我們得先把內心的苦難，讓它熄滅下來，苦惱的事乃至於絕望的事，你用佛道來潤養它，沒有絕望的事，也沒有苦惱的事。所以世間有二句話，「天下本無事，庸人自擾之。」就是我們的煩惱心所在那兒作怪，如果我們懂得這個，那就悟了。

心悟轉法華

以這個心來念《法華經》，「心悟轉法華」，說我們念經求幸福，求發財，乃至於求減少病苦，做到做不到？絕對做到，非停止不可才能夠得到。這個不是目的。你的目的應當是什麼？了生死。幫助眾生了生死，乃至於了自己的生死，這才是你的目的。佛所說的一切法，《法華經》也好，乃至於《般若經》、《彌陀經》哪一部經都好，道理是一樣的，只是在文字上有所變化而已。

大乘、小乘，法華、華嚴、楞嚴，這只是名義。總的說：萬法唯心，「心生故種種法生，心滅故種種法滅。」如果是修道的人，你以一個利益他人，沒有自己的心，你的道已經修成一半，這就是道。什麼道呢？菩提道。什麼心呢？菩提心。覺悟的心走著覺悟的道上，而且是所行的法是覺悟的方法，佛所說的是覺悟的方法。

例如佛涅槃了，在我們凡夫眼中，佛涅槃了，不在人間，當你念《地藏經》的時候，佛跟地藏菩薩說：「我並不是單以佛身出現在人間的，無量身什麼身都現。」你把佛整個的屬於教授，經論你把它合到一起來看，不去分類這部經、那部經，把它歸為整體看，只是一個發菩提心、行菩薩道、究竟成佛。

發菩提心、行菩薩道，為什麼發這個心，發菩提心、行菩薩道、利益眾生。什麼叫發菩提心？幫助別人就是利益眾生，願一切眾生都明白佛的道理。在經中，把佛證得涅槃比喻為化城，臨時化現的一個地點，這樣來認識佛入涅槃，八十歲示現入涅槃了，示現離開人間，不是真實的，佛沒有入涅槃。如果你的心誠，行的懇切，你隨時都見佛，不是在紙上。

經就是佛的心

經就是佛的心，當你念那一部經，把經擺那兒，你就對著佛，對經如佛在，那你所產生的效果絕對不同。大家可以試試看，對著像，明明知道它是像，像不是佛，你們把像當成佛，他給你說法嗎？但是你對像如對佛在，不是像，是你的心，佛在是你的心在，你看見佛像，一定生恭敬心。你見到佛像你心裡生佛，見到羅漢像生羅漢，見到造業的殺人放火，你的心裡也生起殺人放火的影像，照相機、錄影機就是這樣。

悟迷在你一念間

最後跟大家講「心悟轉法華」。什麼叫悟？什麼叫迷？悟迷在你一念間，在自己心裡一念，當你一起貪瞋癡慢疑身邊戒禁邪這些念頭，這就是眾生，鄰近六道。當你產生慈悲心的時候，念眾生念佛的恩德，你就是佛心，你就是菩薩心。

一切事物隨念起，我們把念頭看好，修行什麼呢？修行我們的心沒有惡念，沒有殺害眾生的心，總是念念想要利益生，這個心就是佛。〈起信論〉告訴我們說：「心生則種種法生，心滅則種種法滅。」《法華經》也如是。化城比喻，佛都跟我們說的方便善巧。從你生了，法就生了，你生了什麼法，就現什麼相。這就是萬法唯心，翻過來說是心唯萬法，萬法即是心。什麼是妙啊，妙法是什麼呢？心哪。華是什麼呢？因。《妙法蓮華經》就是你種什麼因結什麼果。你種的令一切眾生成佛心，那你產生佛果。希望大家「心悟轉法華、念念成佛」。

現在我們講《法華經》的行法。學完《法華經》、想依著《法華經》去修行，這是修行的方法。如果是你聽了《法華經》，依著《法華經》來起行，經書上告訴你們，若想見到真實的本性，必須得運用能夠見到本性的方法，依照見到本性方法的真相來修行，這樣才能夠達到真實的本性，你要隨時念念分明，清清楚楚，住於你所修行的究竟法性。

修行是依自性的本體 做一切事

在你的生活當中，早晨起來，洗臉吃飯穿衣服，這就是你修行的正確道路，這就是不失於正念，你所做的一切，心心念念的能離開你的自性本體，修行就是依照我們的性體而做日常生活當中的一切事，你隨時運用。

換句話說，我們雖然沒有達到明心見性，但是在一舉一動當中，都曉得是在真如實際的性體當中，你善用它，乃至於說一句話也是在性體當中。這形容我們的法身就在現前我們這一念當中，這個在如來說是如來的神力，在我們說是自己的自性本體。

念念都在自性當中

《法華經》〈如來神力品〉就是這樣教授我們。這個就是一乘究竟，很簡單。你做任何事物，心裡想著這個事物是從自己的本體顯現，能做的到嗎？這就是《法華經》所顯的一舉一動，一言一行，念念都在自性當中，你就解脫了。

我們凡夫心被煩惱所障，雖然你能把現行煩惱壓住，但是無明障你除不了。因為你除不了無明障，所以這種智慧的信解不現前。如果你經常的這麼想，想久了，思想念念想，想我所做的事跟佛所做的事一樣，佛也吃飯穿衣服，也生活洗臉，但是佛的妙用，我怎麼樣達到？觀想自己的本性，叫你自覺。

所以佛是三種圓滿，自覺、覺他、覺行圓滿，如果我們每個人的心，現前一念心，你做任何事情，都以覺悟的心來行，大菩薩做事情就是這樣子。在《法華經》上，常不輕菩薩、妙音菩薩、觀世音菩薩，乃至於普賢菩薩，他們到這個世界示現，他們也是在日常生活當中，跟眾生沒有什麼特別的不一樣。

但是在這個深法當中，他們頓悟的不同，如果你也能這樣運用，就跟諸佛菩薩無二無別。這是什麼呢？一個是覺悟的心，覺悟的心就是時時觀照的心，如果日常生活當中正念現前，沒有離開佛所教授我們的，這個就是佛教導我們的，實相真如實際，就是你那清淨的心。

佛是證得的，諸佛大菩薩也是證得的，他能運用，我們起疑竇，就是我們的真心沒有現前，我們能如實用我們的心，常時這樣的去認識。在佛所引導我們、指示我們的真如實相當中，雖然沒有進入，如果你念念不失，不離自性清淨的本覺，你就不離開那個心。

不要輕視每一個人

其次，對於任何事物，特別是對於人，不要輕視任何一個人。《法華經》第二十品的常不輕菩薩，他的形相非常完美，不低估一切眾生，不懷疑眾生，一切眾生都有成佛的能力，一切眾生都可以成佛。因此他都提醒每一個眾生，他說你是未來諸佛，不敢輕視你，常向眾生頂禮。

因為他是證得的，知道一切眾生都具足有佛的性，我們每一個人都是佛，人人都可以成佛，我們雖然是從經本上都知道，但我們一遇到事情，自己就不是佛了，貪瞋癡煩惱全來，那就是眾生。

如果我們在每一個事物當中，心裡頭清清處處、明明白白，回想《法華經》教授我們的，人人與佛無二無別。最近幾年在五台山，我對於我的道友們，不論男眾女眾，一天從不起煩惱，看見什麼都歡喜，不如你的意你也歡喜、也讚歎，這就差不多了，雖不了生死，距離生死也不遠了。

如果你見到不順心的事，眉頭總是皺著，那就麻煩了。所以應當學常不輕菩薩，他見到一切眾生都是禮拜。他稱眾生的時候，「我不敢輕於汝等，汝等皆當作佛」，汝等都是未來諸佛，他是這樣的看待一切眾生，假使我們有些道友，學了《法華經》對於任何人，不敢對人家發脾氣，你脾氣也發不起來，因為他是佛，你敢跟佛發脾氣嗎？

再說次一點的，我們都信仰觀世音菩薩、普賢菩薩、地藏菩薩，我看你敢罵人家、不敢罵觀世音菩薩，也不敢罵地藏菩薩，特別是佛弟子，敢罵嗎？這樣就差不多了。你把一切眾生都看成觀世音菩薩，從此你的厄苦就斷絕了。

我怕犯自己的性罪

這個功夫我用了二十年，我對自己的弟子從來不敢說句惡言，為什麼？怕犯自己的性罪，佛雖然沒有制這個戒，但是性罪必然要犯。

所以你對任何事情不冒火，不生煩惱，你就是現前的常不輕菩薩。懂得這個理，我們要常時保持這個，時時的尊敬別人，不敢輕慢任何人，這就是菩薩道。雖然你一時間做不到，功夫是磨煉的，不是一天兩天，長時間在你的言語行動，漸漸轉化，恭敬別人，你的口裡頭聽不到惡言，不出惡言，你的耳朵也不出惡言。聽見惡言你怎麼辦呢？那在你一聽到的時候，人家罵你，你認為是人家讚歎你，你能把人家罵你，轉成人家讚歎你，你的功夫一定相當有了，這樣試試看。

你手裡頭不能打人，嘴裡頭不能傷人，如果是你的身口意十善業能做到，你就行佛道。行佛道就是佛，就是成佛的真理，你的身口意能夠常時做到，也就可以跟常不輕菩薩差不多。

臨欲終時的功夫

例如説常不輕菩薩，他在「臨欲終時」，突然間聽到威音王佛的説法，雖然沒看見佛説法，但是他能聽見。我曾經有位道友，他在圓寂的時候跟我説：「釋迦牟尼佛在説法，你聽到沒有？」我説：「我哪有這些本事？」釋迦牟尼佛什麼時候在説法？我當時認為他是神經衰弱、糊塗了，等他圓寂之後，我知道他一定進入佛果，臨命終時聽見佛説法。

每一個道友的功夫，要在臨命終時候才顯現的；生天，你自己也不知道，你不知道你的功夫到什麼程度？但是有幾個現相你可以認得。你聽見人家罵你侮辱你，你的心情怎麼對待？如果是你認為這下可好，我很多業障我就要受報，這下把你罵了，我就減少幾年。

這個功夫我用過，但是不太靈。什麼時候用的呢？説起來大家可能好笑，但也沒什麼可笑的，我的功夫是在當犯人那地方用的。犯人跟犯人，你愈老實他愈欺負你，拿你開玩笑，你就讓他開玩笑，讓他歡喜就好了。一天如是、兩天如是，等經過一段時間他會向你懺悔，他感覺他不對，我就是這樣遇到的。

住監獄經過修理　才能當個好和尚

以前我住過監獄的，有人問我住監獄情況，我說我當和尚沒有當好，到監獄裡經過人家的修理，確實才能當個好和尚。以前我不懂得，這時候才知道鍋是鐵打的，不是砂子打的。為什麼？想到常不輕菩薩，這些菩薩給我們作榜樣，他從來不輕視別人，把別人都看成是佛，這是我們講《法華經》裡頭的一個重點，常不輕菩薩。

藥王菩薩的啓示

還有一位藥王菩薩，藥王菩薩對佛虔誠到什麼程度呢？讀過《法華經》的都知道，以感佛恩德的心情，能實現佛的教法，怎麼實現呢？藥王菩薩在日月淨明德佛的時候，叫見一切眾生喜見菩薩，在《法華經》裡頭說的，在因地的時候，他叫喜見菩薩，大家聽到他這個名字就知道，人人見他就生歡喜，說明他的緣法非常好，每個人都歡喜見到他。

藥王菩薩就對日月淨明佛說，虔誠恭敬這樣修煉，恭敬禮佛，他自己進步的很快，他得到一切的色身三昧。這個時間，他已經破除煩惱障了、破除無明障，開悟了，深知我見完全都破除，他這時開悟了之後，得到大神通，他能分身幫助一切人。凡是能幫助別人的，你就會得到人人的喜歡，或人人的喜愛，這個時候你若行菩薩道，效果非常大，而且你的感應，也許是你的身體相貌起大變化。

我現在九十五歲了，又老又醜，如果大家看到我二十多歲的相貌，跟現在完全是兩個人。但是我二十多歲沒有誰恭敬，也不見得理我，那相貌還是不好。現在又老又笨，臉上又長些東西，人人見我很喜歡，不但不討厭我，還給我磕頭，這是什麼原因？原因究竟在什麼地方？所以日月淨明德佛，菩薩有這個現相，就說太好了，說明你已經得到眾生歡喜，你要是去利益眾生呢？眾生一定聽你的話。我們每一位道友都像藥王菩薩修行的時候，那樣去修行，自然得到一切眾生的讚歎。

觀世音菩薩普門示現

其次，在《法華經》提到觀世音菩薩，這是我們諸位道友都熟悉的，普門示現，「門」只是方便，出入行道的方便，利益眾生的方便。所以觀自在菩薩利益眾生，他有無數的方便善巧，隨便他如何做，眾生都歡喜，他示現什麼相都可以，眾生都歡喜。

大家看觀世音菩薩，在我們漢地裡頭示現，人人都歡喜他，西藏可不是這樣。在西藏甘丹寺的馬頭金剛、閻羅王，令人非常的害怕；對西藏民族，觀世音菩薩就不是那麼慈悲，所以說為什麼要三十二應身。

以前我在北京北海公園裡住的時候，有些人說，你們和尚最能隨緣了。我說怎麼解釋?他說：「好像你們見誰都恭敬。」我說：「我們是尊敬人家。」他說：「是不是你們比人家低下？」我說：「你理解錯了，我們是人上之人。」他說：「人上人怎樣？」我說：「人上人才能下人，能上能下。我從不輕視別人，尊敬一切人，一切人自然尊敬我。」我說：「我們和尚並不是比人家低下，這是慈悲。」

這就是觀世音菩薩的慈悲。觀世音菩薩現馬頭金剛的相，聽不聽？不聽我殺了你，在大陸上可不是這樣，觀世音菩薩總是慈悲，這是對什麼人，說什麼法。觀世音菩薩，他是觀音聲法，普徧觀一切眾生的音聲。為什麼現馬頭金剛呢？對那一類眾生，你不能給他笑臉，你給他笑臉他不但不得度，反倒造業，見馬頭金剛非常惡相，這是菩薩三十二應身。

因為大家都熟悉觀世音菩薩，我們所見到的觀世音菩薩相都是慈悲的，但是我到西藏看馬頭菩薩惡相，說這是觀世音菩薩化現，我還是不信，我說：「觀世音菩薩怎麼化現這麼惡！」不是善相，對惡人菩薩現惡相，是善業，這個道理懂嗎？對於惡人，若現善相，他不但不得度，更造業了。這是菩薩行菩薩道，這時候觀世音菩薩普門示現，因為普門示現，什麼相都可以示現。我們讀《般若心經》的時候，讀的是觀自在，那他是自己修。但是在《法華經》是觀世音，聽見世間任何音聲，他都去救度。《心經》不同，《心經》是自己修行，自己修行就是觀照。什麼叫觀？觀就是回顧、反觀自己，把自己觀完了，什麼事都放下了、看破了、自在了，所以他能夠利益一切眾生，在利益眾生時候，聽到世間上有什麼苦難音聲，他都去救度。

我剛才說在藏族地區，觀世音菩薩示現金剛身、馬頭金剛，他只是惡相同。說我們出家人，行暗的力道，這句話，力道就是反常的，就是善念，觀世音菩薩現馬頭金剛，這是善念。對那一類的眾生，你若是示現大陸那個觀世音菩薩相，他不但不信你，反倒謗毀你。所以法華會上，觀世音菩薩他所現的現相不同。我們出家的老師父，有些對弟子的要求很高，這是慈悲；有些很寬容弟子，很照顧弟子，因為他經過幾十年的出家修煉，他懂得了。

都是假的 那就進入虛空藏

我今年出家整整八十年，回顧自己八十年的歷程，苦辣酸甜什麼都具足。怎麼樣理解呢？苦也好、辣也好、酸也好、甜也好，都是假的，全部沒有，那就進入虛空藏。所以念〈普門品〉，最後是虛空藏菩薩，在《地藏經》最後就是虛空藏菩薩，一切全是假的、空的。

普賢菩薩勸發菩提心

《法華經》的最後是普賢菩薩大行，《法華經》最後一品是普賢菩薩勸發心，勸人發什麼？發菩提心。一部《法華經》完了，普賢菩薩來勸發菩提心，因為你不發菩提心，成不了佛，《法華經》佛都給我們授記，但是得你從發心開始，記雖然受了，還得發大菩提心。大菩薩發大菩提心，就是菩薩在修行的時候，他為什麼要修行？保護眾生，菩薩修行是保護眾生的，希願眾生都能成佛。普賢菩薩護持一切眾生，讓一切眾生都能成佛。

《法華經》的大意，簡單解釋完了，我說的很淺，有很多問題還沒有說到。因為我是凡夫，《法華經》所說的法是聖人法，你如果進入不了，就多讀，讀讀你就進入了。

從被法華轉 到轉法華

有些道友問我說：「開悟了，念《法華經》才能真正的轉法華；但是我們迷了，迷了被法華轉，那就不用念了。」我說：「你不念，那就錯了。你悟了轉法華，迷了法華轉，法華把你轉轉的，你不就悟了嗎！悟了就可以轉法華。」你最初不懂，不懂就慢慢念，念念就被法華給你轉好了，你就再去轉法華。我希望諸位道友都來轉法華，現在把時間留給大家，有些問題要問我，我的力量很小，沒有那麼大智慧力量，我能答的就給你們解答。

心悟轉法華 竟

法華問答

法華問答

遇見地藏菩薩肉身殿開塔的因緣

【問】：老和尚慈悲，我知道您早年在九華山，遇到地藏菩薩肉身殿開塔的因緣，能不能請您說一下當時開塔的情況，謝謝。

【答】：我到九華山是一九三二年，距離現在算起來已經快八十年。地藏菩薩六十年開一次肉身塔，為什麼要開？歷代傳來的，到了六十年把肉身塔打開，給地藏菩薩剪頭髮、剪手指甲，手指甲、腳指甲長的很長，那剪髮的、剪腳指甲的剪刀，都在那個塔裡頭。剪完了髮，那個頭髮不許動，剪下的指甲不許動，再擱到那裡頭。那一年又一年的，六十年一次，六十年一次，一樣不許拿。

只有剪那個指甲的剪刀拿出來，換一套新的擺到裡頭。

也有到了六十年沒有開的，那就得等上一百二十年再開。為什麼？得有人發心先把塔拆了，拆完了再進肉身殿裡頭，把那肉身菩薩的指甲頭髮剪完了擱到裡頭，完了再把塔重新修起來，這一拆一修，要經濟富裕的才能發起這個心。

一九三二年我那年去，正值上海的三大家族到山上出錢開塔，把整個的塔拆了，完了用指甲刀給地藏菩薩剪手指甲、剪頭髮，頭髮指甲我看見了。我離了很老遠看見的，人太多了。我到那兒去掛單，一個小和尚哪能擠得進去？上海那些出錢的居士都佔滿了，隔老遠看一看。完了人家把塔又重新修上，把新的剪刀再放下去，這是一九三二年。又隔了六十年，我特別趕到九華山，想朝禮一下，塔不准開了，那以後就沒有了。

這個過程是一個機緣，我最初夢見一位拈花寺的老和尚叫我朝九華山。為什麼？我才剛受戒，沒有到過南方，我是作夢叫我朝九華山，就是這些事。

地藏菩薩肉身塔，就像一位老和尚死了，乾枯的屍體，沒有拿鉢也沒有裝飾、沒有什麼特別的，就是那樣子。但是頭髮為什麼還會長？指甲為什麼還長？這就是加持力，地藏菩薩讓眾生種善根。

如何面對滿口佛語、言行不一的朋友

【問】：長老慈悲，弟子有一些朋友，總是滿口的佛語，但是行為確是不如一般人，表裡不一。要遠離他們呢？還是要去感化他們？

【答】：說的是滿口仁義道德，滿口的佛語，但是不作佛事，為什麼？他有這個善根嗎？

他前生能遇到佛法，而假藉著佛教的道理，字字珠璣，你是這樣子認為。若是他跟我說，我就不這樣認為，不是字字珠璣，這叫騙子。他自己口裡說的跟心裡所想的、身體所做的，三個都不一樣，還不如一般人。

面對這種現相，你應該怎麼樣理解？我跟你講一頭毛驢的故事。有一位和尚騎著一頭毛驢，到處講經講法，這頭毛驢也在旁邊跟著聽，講完他騎上牠就走了。這頭毛驢因為這位和尚騎牠，就有功德了，來生做了人。因為曾經聽那法師講經説法，牠也都記得，但是牠剛由畜牲身變了人，牠是學來的，你能要求牠心裡跟那個法師一樣嗎？

你若這樣認識他，他能説而不去做，他那個説的是假的，為什麼説的是假的？他不去做叫別人去做，是不是假的？而且別人能信他的嗎？你得以身作則，就是這個意思。

好像是你所接觸的、認識的朋友不少，那你要注意。為什麼認識這些人？要檢查自己的發心。我們還有很多優秀的法師，你為什麼單接觸這些人？你發現了以後，離開他們吧！你沒有力量轉變他們，可以不跟他們交朋友。你若專找這些朋友，「方以類聚，物以群分」，哪一類人就跟哪一類在一起，你要離開，不要跟這些人在一起。

第二個，你若能感化他們，他們受你的感動，「言必行、行必果」，自己說的、自己不能完全的去做到，也做個一二分，人家才信。你若沒有力量感化他們，你就遠離他們、不接近他們，那就好了，你不要同流合污。

皈依三寶常有自殺念頭　該怎麼樣處理

【問】：我的朋友已經皈依三寶，但是常常有自殺的念頭，一念經就會發狂，請問長老我應該怎麼樣處理？

【答】：業障。他一定有冤親債主，你可以從旁幫他消災。他一念經，那冤親債主不讓他了脫，要報復他，所以一念經就著魔就發狂。這類事情我遇見很多了，如果能夠跟著師父們住上幾天，這種現相就消失。跟著師父們念幾天經，上幾天殿，一起生活，立竿見影，再去念經就沒有這些事了。

哪一個法門懺悔業障快？

【問】：要懺悔業障的話，不知是持咒快？滅定業真言快？金剛薩埵心咒快？還是念佛快？

【答】：都不快。

怎麼樣才快？快的不是那些咒，是你的心。一樣的磕頭一樣的拜懺，人家在觀想佛像，觀想佛的聖號，懺悔自己的業障，這個頭磕下去，他的業障就消失了。你光跟人家懺、跟人家唱誦，也沒有注意觀想，你這樣磕頭效果不大的。

為什麼這樣說？文殊菩薩教授我們，做任何事物，懺悔也好、發願也好、持咒也好、念經也好，別忘了是用什麼心來念？如果發菩提心，當你念這一部經，你給誰迴向，誰就有感覺，他能得到，大家可以試驗看看。這個我經驗很多，因為有的弟子他的病，醫生宣布不能治了，判他死刑了，他可以拜佛拜好，身體又健康了。你說他會不信嗎？別人看著信不信，他不管你信不信，事實就是事實。

我得直腸癌開刀的時候，開刀的醫生跟我講：「師父，您最多活五年。」我現在活了十五年，二〇〇八年我回到臺灣秀傳醫院，看見給我開刀的那位醫生。我說：「師父還活著！」他再給我複查一下，總共複查了三個地方，他講，我這個五臟六腑，比開刀前還好。

這個問題就是我說的重點，看人家發心，發菩提心，那個效果絕對不同；但是得真發菩提心，不要在利害關係上頭，那菩提心就沒有了。

懺悔業障的方法也是這樣，業是我們心造，罪業沒有體性，罪性本空，大家都是知道唯心造。不過自己修行的時候，自己的我執、妄想都沒有了，連心都沒有還要懺嗎？罪在哪兒呢？不要認為罪很重，罪沒有體性的，「罪性本空唯心造」。

對於這些，我們道友們有個大障礙，他一開口：「我的罪業深重呀！」那就好了，你就罪業深重去吧！「罪性本空唯心造」，我現在心空了，罪業在哪兒存在？學法要知道用心，文殊菩薩教導我們，「善用其心」，你把心用錯了，那就沒辦法懺悔了，「罪性本空唯心造」，心都沒有，罪還安立嗎？我們有很多道友，一開口就說「我的罪業深重」，那你永遠出不了三界，能看破放下那才行。

什麼是清淨心

【問】：老和尚慈悲，常聽法師說，必須以清淨心念佛才能往生西方極樂世界，請問什麼才是清淨心？

【答】：不錯，你必須以清淨心念佛，才能生極樂世界。但是我請問諸位道友，如果你的心已經清淨，還需要念佛嗎？因為我們的心不清淨，假念阿彌陀佛使我們的心能夠清淨下來，這是對治的方法。如果我們心已經清淨了，就不要修行了，已經成了，我們就是因為不清淨才假念阿彌陀佛聖號，使你的心能夠清淨下來。

什麼是清淨心？自己問自己，看你的心起什麼念頭？你坐這兒想，什麼念頭都沒起，因為你一念，什麼念頭都不起了；但是有個問題，看著這兒，唉！這個杯子不錯，我也去買一個，這是貪。看見那一個也想得到，看見那個你又生煩惱、想棄捨，這樣就不是清淨心。

你先搞清楚什麼是清淨心，心到了什麼程度才是清淨心？你發菩提心，這一念，行菩薩道很長的，你看過《華嚴經》五十三位大菩薩，每一位的心都是通的。

要到達什麼地方才叫真正清淨心！成了佛才達到心清淨，釋迦牟尼佛證到清淨心才知道，原來什麼都沒有，不假修煉，清淨心原來本來就是清淨的。

從這個道理上講，應該是我們的心不清淨，佛才說這些法，都是對治我們那個不清淨的心，來達到清淨心。清淨心是我們的目的，佛所說的法都是方便手段，用這些手段來達到心清淨的目的。現在我們都不是清淨心，你的心裡頭有煩惱、有見惑、有思惑、還有無明惑，一旦達到，什麼惑都沒了，這就是清淨心。

談尋覓善知識

【問】：老和尚慈悲，弟子多年尋覓善知識，希望他能夠救度苦難的眾生！再者，《法華經》的〈藥王菩薩本事品〉當中，佛告宿王華菩薩，如來滅度後五百世中，若有女人聞是經典，如說修行，於此命終即得往生安樂世界。願老和尚慈悲開示，如果信根不夠的修行人，要怎樣能不受紅塵世界的潮流所淹沒？

【答】：覓善知識，得有緣。你認為什麼樣才算是善知識？若有一個字，自己不認識，問別人，別人跟我說，這就是善知識；一件事我自己不明了，別人跟我解說，他是我的善知識。

你想遇到什麼樣善知識？文殊菩薩才是善知識，觀世音菩薩才是善知識，你只能求，一般的凡夫，只能知其一而不能知其二。

你想救濟苦難眾生，我們講《法華經》，《法華經》都是善知識。《金剛經》，佛說的話都是善知識，哪一個向你解說《金剛經》，解說《法華經》，乃至解說《彌陀經》都是善知識。但是得有一點，你有緣沒緣？你跟這個師父、跟這位大德有緣，他的語言你能聽的進，你能接受，你能得到啟發。

中國歷來的善知識都是以禪宗為主，那得對機開悟的。有些只道個三言兩語，或給你一個棒子，一記棒喝，你問他如何是祖師西來大意？他拿起棒子打你幾下子，是這樣的善知識。假使你挨幾棒子，你能開悟嗎？

善知識是善知諸法、解一切義，這只是在法上。對機呢？你得有福德，有智慧，你才遇到那個善知識，他能知道你的根機，知道你過去無量生的宿業。

舍利弗算不算善知識？舍利弗有兩個弟子，跟他學了五六年，什麼都沒開悟；有一次佛去了，佛叫舍利弗那兩個弟子把修行方法顛倒一下，修觀的先叫他參禪，參禪的先叫他修觀。佛這樣一給他們顛倒，重新指示一下，他倆不到兩三個月都開了悟。因為舍利弗只見到八萬大劫的事，他對這倆個根機說的是八萬大劫之內的，佛說的是八萬大劫之前的。

所以遇善知識得看我們自己有什麼福德，不是都是有緣的。你是個什麼善根，你是哪一級的你就去遇見哪一等的善知識，可以使你知苦，知道苦了別造業，他能這樣開示你，就算是善知識。所以善知識非常的廣泛，你這一世不認識，你問人家，人家告訴你，他就是你的善知識。

你又問：「若如來滅度後五百世中，若有女人聞是經典，如說修行，於此命終即得往生安樂世界。」男人不行嘛？這個不一定。

「如說修行」，無論你念哪部經，你若照經上說的去做你都能信，不只《法華經》，包括任何經。你讀《金剛經》，《金剛經》告訴你，「應無所住而生其心」，你什麼都不做，你還有心生嗎？無心生，就是要達到無心生，無生就無滅，有生就是有滅，所以一切法都是因緣，看你什麼因緣。

信根微弱的修行人怎麼辦？你先修習信心，很簡單。如果沒有信心，你做什麼事也不成，就算身在佛門，沒有一件事能做成。

為什麼？沒有信。你連信都沒信你還能去做嗎？「信為道源功德母，長養一切諸善根」，對於學世間的生活之道，你得認為我學這個本事能夠生活才去學，如果你認為這個我學到了也生活不了，你還肯去學嗎？學佛也如是，念佛、參禪、讀誦大乘，讀誦大乘開智慧，有了智慧了你自己去修行不成問題，但就是沒有智慧。

如何依《法華經》修行

【問】：老法師慈悲，如何依《法華經》〈安樂行品〉去修行？

【答】：住忍辱地，對眾生讚歎隨喜，無嫉妒心，大慈悲心，這叫〈安樂行品〉的行法。

住忍辱地，人家非禮相加、污辱你，你能夠忍受，不因此而遠離。也不是人家打你，你就要忍辱，不是那個意思。非禮相加，無緣無故的傷害你，你能忍辱，能忍辱的好處可大了，一念不忍，命都出脫了。

在美國紐約的時候，我們住在極樂寺法雲法師那裡，我住樓上，底下正是唐人街，人來人往的很多。有我們大陸才去的一個畫家，他剛到紐約，他沒有錢租房子，就在法源寺底下唐人街的街道上，擺著地攤，給人家畫個像，一張才賣十塊錢，一個鐘頭、兩個鐘頭畫一張像。

有一天早晨，他又去到那兒擺著地攤，因為有位黑人故意撞他一下，他抓那位黑人不放，跟那黑人講道理，講講道理就打起來！那黑人掏出槍來一槍就把他打死，那黑人隨著人一亂就跑了。

我當時很震驚，也給他念了些經。我就想一念不忍，撞一下就撞一下，你走你的，他走他的就沒事了。你剛到美國去人生地不熟的，你跟人家講什麼道理？就是這樣的問題，這是忍辱。認為人家欺負，說小不忍，惹殺身之禍。

大事，更需要忍，無緣無故的傷害你，非禮相加，不合道理加在你身上，這才叫忍辱；如果是因為你引起的，別人傷害你，那是自己找的。忍辱是人家欺負我們，以不合乎道理的加在我們身上，忍辱承受，你能得到很多的幸福。有些人相貌很圓滿，那是忍辱得來的，這是《法華經》的忍辱行。

其次是對眾生讚歎隨喜，如果你能對眾生讚歎隨喜的話，眾生的功德你都具足，人家做的好事，讚歎隨喜，你就分了他的功德。這是《法華經》教授我們的，不嫉妒，看見人做好事，讚歎隨喜，他做的功德你就分了一半，如果嫉妒讚歎，那你的功德全沒有了。同時你看一切眾生都如自己的父母，視眾生如自己的父母，那你還對眾生有什麼嫉妒。大悲心大家都知道的，給人家快樂，拔除別人痛苦，慈能與樂，悲能拔苦，如果你能做的到，給一切眾生幸福，讓一切眾生都快樂，這是大悲心，也是我們所能做得到的。

在家居士應如何實踐

【問】：老和尚慈悲，請問經中的〈安樂行品〉，是否只適用於出家眾？在現實生活中，在家居士應如何實踐？

【答】：佛說法是對一切眾生說的，不是專給出家的和尚比丘、比丘尼說的，也不是專給四眾弟子說的。佛說一切法，教化一切眾生，不要理解錯了，不是專給出家人說的。

比丘戒、比丘尼戒，那是專給出家人說的，你能聽的到嗎？你聽不到。〈安樂行品〉專給菩薩說的，讓你去行菩薩道，不分在家出家，這樣理解就對了。

如何面對不孝的敗家子

【問】：老和尚慈悲，我吃素受五戒十年多，深信種善因得善果，我家偏偏有一個不孝的敗家子，把我八十多歲的棺材本花完了！我應該怎樣面對？應該用什麼方法去解除這種厄運？應該怎樣去破除這種煩惱？

【答】：這類的道友很多，你不是修善根得善果嗎？你欠人家債還不還？別把他當成你兒子，這是討債的！你多生欠人家的，你過去不是這麼善的，才來給你做兒子。

何必要棺材本？棺材本沒有了不正好嘛，沒有你就不死了，等有了棺材本再說。花光了，你欠人家的債也差不多了。這不是厄運，這是很好的善運，你欠人家債把它還了，要好好還，不好好還你就起煩惱，他會傷害你，高高興興如實的還。爸爸有的你都拿去，要怎麼辦就怎麼辦！為什麼要還？我們欠人家的，還了多高興，不要生煩惱。過去我們中國有句老話，兒女是債，有討債、有還債，無債不來。

有位弟子他沒有子女，他跟我說：「師父，我想求個孩子。」我說：「你活的不耐煩，你也不欠人家，人家也不欠你，你要兒女做什麼？」兒女是債，有討債、有還債，無債不來；佛說夫妻是緣，有惡緣有善緣，無緣不聚。現在有一點緣不算真，為什麼？離婚的很多，離了就算了。

法華問答　竟

妙法蓮華經導讀

妙法蓮華經導讀

一、緣起性空

妙法蓮華經的妙法

我們現在開始講《妙法蓮華經》，不過在講《妙法蓮華經》之前，先跟大家講講緣起性空的法則。

為什麼講緣起性空呢？因為我們剛講完《華嚴經》，現在要開講《法華經》，這兩部經都是圓滿的。《華嚴經》的道理是甚深廣大的，但是容易產生籠統的思想。《妙法蓮華經》這妙法很不容易講，籠統說就是妙法，不可思議的法。

一切法都是因緣生的

先講講緣起性空的法則，說說這些圓滿教義的來源。如果我們直接講妙法，不容易入。緣起性空就是贊成妙法。《妙法蓮華經》，什麼是妙法？「性空緣起」，「緣起性空」。說你把「緣起性空」懂了，那你對於妙法也就理解什麼叫妙法。特別是一個「妙」字。智者大師講《妙法蓮華經》就講一個「妙」字！「妙」字講完了，《法華經》也講完了。古來讚歎智者大師是九旬談妙。光講一個「妙」字，講了九十天。九十天，一部經講完了就是個「妙」字，也是一個「妙」。

在我們沒有講《妙法蓮華經》之前，講講緣起的法則，講講「緣起性空」。等我們明白「緣起性空」，你就知道「妙」了。知道什麼妙呢？法妙。如來所說的法不可思議。

先講緣起 後講性空

「緣起性空」又叫緣起。先講緣起，後講性空。性空是無言說的，緣起就是代表性空。緣起又叫緣生，因緣所生的。或者作為因緣生；或者緣集，因為緣集合到一起。緣就是怎麼樣把一切事物，集合到一起。像我們說話做事，總有個依賴，言說的條件是什麼？這就是緣起，或者叫緣成。因緣而成就，緣成就一切法。

簡單說就是在一切的條件下所生起的事物，他們是互相依存的，不是孤立的，不是單獨的。這就叫緣起，是種種因緣合成的，就說我們要修行，修哪一法不是孤立的，是很多法而成的，是聚集一切法而成就的。就是因為你種種條件，想作一件事，種種條件集合到一起才能生出這個現相。

看我們這座大殿吧！修大殿得用好多材料，這裡有鋼鐵、有水泥、有木材，那還得假人工。聚集很多因而生起，這叫緣起義。就是種種的條件合成，種種的現相生起，才有這一法。

因為緣才產生有，這都說的是有法。性空呢？就沒有什麼可談的。緣起法都是沒有自性，我們說緣，因這個事物緣而有，就是「此生則彼生，此滅則彼滅。」所演出來的一切法的意義，大多是依緣而生的；或者是依他起。一說到緣就有動作，就有生起。一說到性就沒有了，性是體的意思。

我們剛講完《華嚴經》，華嚴四祖澄觀大師說這個緣起法，他說：「緣起法必備諸緣各異」。每一個緣都不一樣的，諸緣各異。聚集到一起叫緣集。聚集到一起，互相資助、互相成就而成一切法。但是每緣都跟每緣都不相礙，一體相入、一體相成、一體相即。這就是緣起。

在《大方廣佛華嚴經》，我們講體和用。體融入於用，用融入於體。那就性空融入於緣起，緣起融入於性空。現在我們從這個一般的緣起，講一切緣起的法則，說他怎麼樣緣起的？有的約理，有的約事。事跟理都不一樣的，因為因緣和合而生諸法，不是單一的。

任何事物，因緣合成才有這些現相發生。但是這個現相發生有一定的因緣，有一定的條件。因是指根本，那是內在作用，內在作用的條件就是因。緣是指著外邊起的作用，輔助而成的，那就叫緣。就是外邊作用的條件。內裏作用的條件加外邊作用的條件，兩者相合生起一切法。

力量強者為因　力量弱者為緣

又者因緣合成，以力量強者為因，力量弱者為緣。力量強的，就作為因，力量弱就是促成的，是緣。但是內外和合，就是因緣和合。我們經常說條件具備，諸法就生起了。說因緣不具備，少一緣而不成，法則不生。因緣變化了，這個事情作不成了。因緣變化，這個事情就滅了。因緣滅，一切事物隨著也滅。因此講萬事萬物共同具有的一個根本的性，這個根本的性呢？我們普徧的說就是性空。說一切現相的產生，都尊重自然的規律。

說諸法是因緣生，這個諸法不是指無為法。我們現在講《華嚴經》講慣了，都是無為的。但這個是有為的。一切諸法就是有為諸法。因緣生的都是有為的，不是無為的，也就是造作的意思。說你所依持的，在這個生滅法變異當中，所產生一定的現相。這幾個現相在佛教講，都屬於法相宗所說的諸法。

緣起大多數屬於法相宗。因為我們在《華嚴經》講的很多法相沒去分別，都拿性體、性空把他圓融了。現在我們要講《法華經》的妙法，那法的妙處得靠因緣來顯現。所以先講因緣生法。

因緣所生法是空的

因緣所生法是空的，性空以什麼顯現呢？以因緣諸法來顯現。假使說你在現相上不明了，你也達不到性空。因為達不到性空，我們以這種方式來學，學什麼呢？學我們的認識論。你要先認識一切現相，認得現相才能識到他的本體。

在相應法中，一切都是因緣和合的。就是人生所有的，你所認識的方法，認識的現相，包括內在的身心、外邊的世界。這一切現相都是因因緣而生，無一法不是因緣而生。他的消失也是依因緣而滅的。一切生滅法，因因緣而生，因因緣而滅。任何事物都是如是。

我們先說這個世界。地球是因為太陽的引力才轉動，如果沒有太陽的引力，地球不會轉動的。這個道理我們現在都懂。說人，人的生命是依著空氣、依著水、依著飲食，才能維持你的生命。空氣沒了，人馬上就活不成。但是我們內心世界是依著我們的心念。依著我們的心念，分別外邊的一切境界相。如果沒有心念，境界相誰識得他呢？誰來認知他呢？你的觀念思想，都依著我們的意識而生的。就從外邊的事物、星雲，小至微塵，你拈哪一東西，哪一法，各各都依一定的因緣條件而生的。因緣和合，生起諸法。

佛教不是籠統的

因此佛教不是籠統的。從我們另一方面講因緣的時候，就是因緣一切法的和合，聚合到一起才生起諸法。除因緣之外，一法不生。因緣之外沒有一切諸法，別無諸法生起。

在這一段時間，我們盡講大乘經論，講《華嚴經》就講了幾年。但是沒有說這個根本條件，忘失了。所以人家稱我們專講圓教教義的，是「籠統真如，顢頇佛性」。我們得假因緣給他分析，才能進入甚深境界。進入什麼呢？法空，也就是性空。現在我們單講緣起，最後講性空。因此，因緣之外不立一切法，沒有一切法，只有各種條件。

這次到北京，他們跟我講自行車丟的非常多。北京的人口一千多萬人，丟棄的自行車有一千幾百萬輛，丟了又買，買了又丟。一輛自行車有很多零件，每個人都看過自行車，你把它卸開是由許多零件組合而成的。

人的存在 就是身心諸緣所集合的

我就想到，人的存在就是身心諸緣所集合的。就像那自行車零件一樣的，少一個也不成。說離開我們的身心之外，沒有我也沒有人，就是身心諸法所組成的、緣所組成的。所以在《入楞伽經》上說：「因緣生世間，佛不如是說，因緣即世間，如乾達婆城。」（編者按：《入楞伽經》卷第五〈佛心品第四〉）因緣生世間是這樣子嗎？佛不如是說。

佛是怎麼說的呢？「因緣即世間，如乾達婆城。」乾達婆城是什麼樣呢？沒有，就是海市蜃樓。在山東嶗山，若感到天氣晴朗的時候，從嶗山頂上看嶗山的底下那個大海，有座大城，也有人買賣，什麼都有的。太陽一出來沒有了，那就叫乾達婆城。

說如乾達婆城一樣的。那是什麼呢？因緣。你觀見乾達婆城得有因緣的，天氣很晴朗，太陽似出沒出的時候，看那海上現出一個大城市。等太陽一出來，沒有了。所以，拿這個乾達婆城形容世間，因緣即世間。因緣生世間呢？佛不如是說，不是因緣生的，因緣就是世間，世間就是因緣。因為一切諸法生起的條件，各各不同。

一切有為法　需具足因緣

就總體而言，有為法就是我們所能見到的一切現相，一切有為法都需具足因緣。「因緣」，還要具足「次第緣」、具足「緣緣」、具足「增上緣」，就叫四緣所成。

在我們古德，立三論宗的〈中論〉上講，「因緣次第緣，緣緣增上緣，四緣生諸法，更無第五緣。」（〈中觀論頌〉〈觀因緣品第一〉龍樹菩薩造）這是〈中論〉上講的。「因緣」、「次第緣」、「緣緣」、「增上緣」，四緣生諸法。只有這四個緣，一切諸法都是四個緣生起的，「更無第五緣」。沒有第五緣，就是四緣。

「因緣」是什麼呢？因就能生起，緣就能助成。總說的因緣就是因，他親自能結果，假因緣而成就一切法，因緣就能成就。他能產生一切的果報，這是根本的緣義。你作任何事想讓他成就，總有很多條件吧！一個因的條件，一個緣的條件。

這包括很多經論、很多教派。像法相宗，他把眾生的阿賴耶識當成是種子，種子就是因。依他次第緣所作成的，一樣一樣次第，「次第緣」就是外邊的緣，不是一個，而是無量的緣，一個一個緣，一個一個緣來促成。

同時還有「無間緣」。那你從任何事物，從時間上來看，因果相續不斷。因果相續不斷的這個緣促成了。所以又叫「等無間緣」。這是從時間上來計算的。一切諸法都有他外在的條件，有他內具的條件。因果是相續的、不間斷的，這就叫緣。

例如我們人的生命，離開水，離開空氣，你能活嗎？水跟空氣是不間斷的，那這個還是外在的條件，心呢？心所識，心緣的是識。識，緣慮分別一切諸法是外邊的境界相。說你的心分別緣慮的外邊一切境界相，這個境界相有「親緣」（親所緣緣），有「疏緣」（疏所緣緣）。親所緣的境界就是訊息在你的心識當中形成主觀意識，你這個主觀意識的影響一切諸法。這是「親緣」。「疏緣」呢？好像離這遠一點似的，「疏緣」呢？沒有比親緣離的遠一點的似的。那就是緣他外邊的境界相。外在的一切體相又來給你作境界，給你作增上。這又叫「增上緣」。這都是法相宗。

因為我們學性宗學慣了，所以對這個很生疏，聽起來就不那麼順耳。但是你必須得建立這個基礎上。我們經常講圓滿，講性宗，怎麼來的？在開頭的時候得分別分別分別，不然將來我們講起《妙法蓮華經》，你就那麼一妙就妙過去了，那是不行的。怎麼妙的？是這樣子一步一步才能妙，不然人家批評我們「籠統真如，顢頇佛教」。人人都具足有佛性，人人都能成佛。好簡單呢！其實沒有那麼簡單，複雜得很。

在你的修行過程當中，如果不知道這些的話，還不知道自己產生什麼毛病，為什麼修道修不成？因為我們知道的太少，不能了解心裡的一切作用、一切妄想、一切分別。說一切法生起，都具備有一定的條件。說心生一切法，他還有個次第，叫「次第緣」，也就是緣念而起的。如果沒有「次第緣」，你生不起來，就打個妄想。你追查那個妄想，他是有次第的。因為什麼境界相，他還有聯繫的。

每一法，都有多種因緣來促成的，而能成立一切法。說打妄想，說犯戒，犯錯誤，他也是很多緣促成的。如果中間少一緣，在這個緣中間你把他斷了，這個業造不成。

所有的一切緣非常密切，如果你學這些法的時候，知道中間缺一個緣，少一緣法不成。為什麼講「次第緣」呢？一法跟一法相合的，十二因緣和合才能立一切法。若缺一個，兩法缺一法，那一法立不起來。相對法，缺半邊，那一法立不起來。說小才說大，說一才說多。沒有小怎麼說大？沒有一怎麼說多？

我們講《華嚴經》時，說一多無礙、大小圓融，這一圓融就圓融過去了。現在不行，一切法把他分析的清清楚楚；完了才知道他的妙處。不然，你不能知道他的妙處。但是一切緣是無常的。那緣不是常聚的，諸緣無常。

諸緣無常　因果可是相續的

諸緣無常，因果可是相續的。這兩個是相對的，緣是無常的，因果是相續的。為什麼人有富貴壽夭？因為富的緣斷了，殊勝的緣沒有了，貧賤的緣生了。

總而言之，因緣所生法是因緣合集才有一切的有為法。因緣合集了有為法，有為法立起來，無為法可就不存在。因為我們經常在有為當中，無為法立不起來。無為法立起來，有為法就漸漸的斷了，修道的人就是這樣。

一切法不是常住不變，他是變化的。大自然也如是，日出、日落、黑日、白日、初一、十五、月缺、月圓，大自然也如是。夜間，你看那星象，人家說斗轉星移。七斗星在那裡轉變了。春夏秋冬四季，一切事物，草木一會青了一會黃了，一會滅了一會又生起了。「花開花謝，時去時來。」這就是說明他的變異。滄海變桑田，桑田變滄海，都在這麼變異當中。說緣不停的在變，事物都不同的變化。歷史是演不完的。永遠都如是，宇宙萬物都如是。

大自然如是，人也如是。我到北京，看我住的那個地區，以前那是荒地，我有四年沒到北京，這四年變化就是這麼大，還不用說更長的時間了。說這個變化並不是因為這麼個時間，剎那剎那在變。生住異滅四相的變遷輪轉，他是不停歇的，念念生滅，在《華嚴經》也是這樣講的。我們現在都學智慧，學智慧啊！在《仁王護國般若波羅蜜多經》上說，「是法即生、即住、即滅。即有、即空。」（《仁王護國般若波羅蜜多經》〈觀空品第二〉）生的時候就是住的時候，住的時候正是變異滅的時候。應該這樣來認識一切法，看見這法是空的。

一切有為法的滅是不待因

現在我們蓋大殿，它必定會壞，因為是有為法。我經常跟大家講，覺證大師在這裡住的時候是大華嚴寺，一兩千人，看看後頭碑文吧！現在我們在大華嚴寺的空地上又建立普壽寺。就是這麼循環，心心生滅。這個時間還是很長了。在〈俱舍論〉上說：「謂有為法，滅不待因。」（〈阿毘達磨俱舍論卷第十三〉〈分別業品第四之一〉）〈俱舍論〉就是這樣談的。一切有為法，他的滅是不待因。為什麼滅？不待因而滅。

在一切的經論，不論大乘小乘都如是說，無常。什麼無常呢？一切有為法共具的本性，凡是有為法的本性，就是無常的。什麼是無為法？無常。所以說有為法不待於因。還等找個因，為什麼滅的嗎？不待因而滅。滅了不是沒有了嗎？不斷滅，這個滅又不斷。

什麼意思呢？滅後又生。滅而後生。前頭大華嚴寺滅了，現在普壽寺又生起了。滅而後生，滅後就是生，生後即是滅，這又屬於華嚴義。因即能生果！前念的因滅了，後念的果生起來了。因恆能生果！常時間如是生果，沒有間斷的時候。前念的因就是後念之果。這個是無間，這個叫什麼緣呢？「等無間緣」。沒有間斷的時候。為什麼如是說呢？因果相續。因果是接著相續不斷的。一切事物，不論任何事物，有一段時間呈現相續的狀態。

拿事物來比喻，像金剛、黃金，他能萬萬年不朽不壞，但是他隱了不見，不見了認為這個東西沒有了，沒有就是隱了。例如現在考古學家在河南、山西、陝西這幾個地區，到處都在挖古來的東西。得隱了，把他挖出來了他又現了。

這叫因因果果，果果因因。在〈瑜伽師地論〉說：「依托眾緣，速謝滅已，還和合生，故名緣起。」（〈瑜伽師地論卷第十〉〈本地分中有尋有伺等三地之七〉）

一切緣起的涵義，他是依托一切緣生了，又依一切緣滅了。滅沒有滅，生即無生，和合相續，這才叫緣起，故名緣起。數數現滅，又數數相續生起。

凡有相對的法　互相不捨離

一般的講法是相對的，凡有相對的法互相不捨離。就是有相對法，相互的是矛盾的，但是他互相不捨離。有大必有小。大絕對不是小，小也不是大，這叫相對法。相對相持，是兩法相聚的。

相對法太多了，大與小、長與短、陰與陽、男與女、真與妄，全都是相對法。生和死，乃至生死合起來跟涅槃，涅槃是不生死的。依著諸法，依他而起的道理，依一切諸法，依他而起，叫依他起。因為這個關係，在〈瑜伽師地論〉上說：「同處一處，不相捨離。」大跟小永遠同處的，但永遠不相捨離。有大一定具足小，有小一定具足大。所有相對法都如是。

無對法性 隨順轉故

什麼叫無對法性呢？隨順轉故。比如這個杯子對這個桌子，桌子是大，杯子當然是小，這是相對性。那桌子對這個房子，那桌子又太小了，那房子又大、桌子又小了，他是互相轉移的。大不是絕對大，小不是絕對小，他一轉移對象，那法就變了，輾轉相順，隨順而轉來立一切法。

一法能徧一切法

同時，一法能徧一切法，一切法能徧於一法，是互徧的。徧是此徧於彼。說是這個天地之間，一切萬物緣起法中。任何一緣，他能夠徧入一切多緣，一緣徧入多緣，多種的事物能作生起的條件，能作給一切萬物生起的條件。這叫什麼呢？一應多，一法應一切多法。在天地間的萬物，最初是因為生起之緣，多法應一法。在《華嚴經》上說，「知以一故眾。知以眾故一。」（《大方廣佛華嚴經》

〈須彌頂上偈讚品第十四〉）知道一法，一切眾法都如是，知道一切眾法就是一法，知眾一彼一。這是《華嚴經》的意思。知一法就知道一切法，知道一切法還是一法。

如一個人一生，這一生包括很多，他有父母，有子女，男的他有他妻子，女的她有她的丈夫，由一個成員而聯想到他一切成員。社會也如是。人是整個世界人類當中的一分子，有人的存在，就知道一切人的存在，舉一個人知一切人。

同時我們生存的最大需要，空氣、水、飲食，這三樣哪個也離不開，離開了你不存在了。大地，大地依於太陽。依於太陽，沒有太陽的吸引力，大地也不存在。一個人在這個社會上，他起他一定的作用。因為他是人，在人的社會上他起人的作用。

緣起法則　就是辯證方法

一切諸法都如是，要這樣理解。說我們佛學的緣起法，就是辯證方法。過去講辯證唯物論，我們佛教是不是有辯證的方法呢？我們這些所講的都叫「辯證」。緣起法則就是辯證方法。社會的一切法都如是。但是我們這個是很樸素的辯證方法。佛教的辯證法跟唯物主義的辯證法思惟不一樣，只能說大致相同，有些地方是共同點，相通的。

這種道理，不論任何時候都離不開。能夠離開緣起嗎？離不開緣起。社會的辯證法也如是。這是我們佛教最根本的思想方法。就是什麼呢？緣起。我們最根本的思想是什麼呢？一切法是緣起的。那麼就把一切法歸納於緣起法則。

因為性空才能緣起

講性空。緣起是從什麼地方起來的？因為性空才能緣起。緣起是依著性空。因為諸法緣起，如實說明這個現相的本來面目。現相的本來面目是什麼呢？蘊含著業、力、因果。這是我們經常講的。業有善有惡，善有善的因果，惡有惡的因果。他所產生的力用。蘊是含藏之義，就說我們人身，說五蘊，色受想行識。色心二法，有形有相的屬於色法，想受行識是入於心法。你的心法也好，有形有相也好，都建立在空中。建立在空中，這個空是指著性空，建立在無我。

空義跟無我義就深了。這不是社會上所講的空，也不是一般人所說的空，什麼都沒有了，虛空那個空。佛教的空不是這個空，佛教是性空。我們單有一部論叫〈法性論〉（東晉慧遠造），談的是真諦。這就談到我們所要講的妙法的妙。把有相的說完了，說到無相。無相就是性空義，因為諸法緣起是說現相的本來面目。

觀你本來的面目是什麼

另外還有一個是禪宗，觀你本來的面目是什麼？本來的面目不是蘊，也不是業，也不是因果，也不是空，也不是無我。本來的面目，清淨無為。就我們說的一真法界性，《大方廣佛華嚴經》說的那個大，本來面目是本來沒有，一切都沒有，甚深心源。如何觀想這個性空的道理呢？從緣起法上講那麼多緣起法，那些相狀結構，那是法相論，屬於俗諦。真俗二諦，屬於俗諦道理。但是我們從俗觀諸法的體性，這進入〈法性論〉，論法性。法性是講真諦。性也好，相也好，相即是性。依真而起故，一切法皆真。

緣起法是不是真實的？依著性空而起的。性空空故，徧一切法，一切法都是真實的。這就是《大方廣佛華嚴經》。一切法都是真實的，俗諦即是真諦，俗諦不立，依真而立。真又顯現不出來，拿俗諦顯現。俗能顯真，真能立俗。只是一性而已。

《大方廣佛華嚴經》講體相用一性，這就是妙法。妙就妙在這個地方。明明是有，說它沒有。明明是沒有，又說它是有。性空不變，那時候把小乘的教義都變成大乘法了。苦集滅道，苦的性即是滅的性，道的性跟苦的性是一樣的。集是因，因即是性，集沒有，依著真性而集的。

這是諸法緣起，緣起性空。「因緣所生法，我說即是空，亦名實相義，亦名隨緣義。」（天台智者大師依〈中觀論頌〉〈觀四諦品〉偈頌濃縮而成）隨緣而建立的。

自性是不是實有呢？可別把自性當成實有。自性非有非空。自性是什麼？本具的，不依於任何法顯現，它是不變、不滅、真實、自體。《大方廣佛華嚴經》叫大，《妙法蓮華經》叫妙。

般若法門也如是說。〈大智度論〉說，「自性者，名本有決定實事。」（〈大智度論卷第一百〉〈曇無竭品第八十九〉）本有的，決定的，殊勝的，不假言說。既不相待也不相同，常因獨有。這個有是非有。什麼叫性空呢？在〈中論〉上講，「性名為無作，不待異法成。法若無自性，云何有他性？」（〈中觀論頌〉〈觀有無品第十五〉）性即無作，不依一法成，不依一切法來成就性。性不依任何法而成的，常如是自然具足的。暗的性不變，就是明，明的性不是暗。性即是明。都是常有的。

所以在〈中論〉講，不待異法成，不是靠其他的法而成立的。性呢？是決定有，永遠也不變異。這叫性。金子絕不會變成銅，真金絕不會變成銅，永遠也不會變的。說諸法都有自性，不待因緣。

上來講的都是因緣法，說諸法之性不是待因緣才有的。常恆如是，永遠也不變異。這叫性。說我們那個自性，不是隨緣義，隨緣義就不同了。假使懂得我們自性常恆的。那我們小孩子，嬰兒永遠是嬰兒不會再變的，若變了就不是性了。不是這樣子的。他變異，所以說性空隨緣。但是你不要在中間起一點執著，起執著就不是了。

因此說諸法因緣生，沒有一法不是因緣生的。既然諸法因緣生，是故說一切法，無不是空者。沒有一法不是空的，這叫性空。從無常、從不變，獨存沒有依靠，不依靠任何法而主宰的角度來看空。

沒有實體 沒有自性

沒有實體，沒有自性，所以說無我。空、無我，但是隨緣，緣起法則必然就成立了，所以叫緣起性空。緣起呢？沒有我，沒有主宰的，是緣起的。因為一切諸法緣起，緣起沒有實在的，是可滅性，所以說性空，空中的緣起。雖然是萬象森羅，種種相，此生了彼就滅了。實在是沒有一個實有的自性，沒有一個實物出生。因此叫無生。

沒有一法是有實物自性的，沒有實體的，所以叫無生。但是生的是幻相，幻相非實有，所以叫無生。凡是有對待的法，絕對離不開的。小不離大，長不離短。不會失掉一法，失掉一法那個長從什麼立的？對短而言的。那短要是沒有了，長還長得了嗎？小是對大而言的。大沒有了，小也不小了，也不是小了。

你修行的時候，這個道理都要觀，平常說觀察，觀察思惟修。修什麼？就是修這個。拿這個比涅槃。涅槃是不生不死，有生有死不叫涅槃。我們把釋迦牟尼佛入涅槃都理解的，說釋迦牟尼佛死了，死了還叫涅槃嗎！那叫死了，不叫涅槃。涅槃是不生不死，釋迦牟尼佛沒有死，涅槃了。他為什麼不叫死，叫涅槃呢？有些人說佛不在了，佛到哪去了？佛從來沒有不在，常在的。那又不可見相，涅槃就是不生不滅吧！即無生相也無滅相，什麼空相？性空。涅槃就是性空相。

為什麼「緣起性空」的另一面叫「性空緣起」？「性空緣起」的另一面叫「緣起性空」。看來好像顛倒似的，其實這是圓義。

圓義 什麼都沒有

大家參禪的時候，畫個圓圈形容開悟的境界，這就是圓義，什麼都沒有。圓圈，從哪起的？沒有起處；從哪滅的？無始終，無內外。求這個都是妄求，不是真實的。

究竟什麼是「性空緣起」？真正的因，因能生起嗎？真正的因是什麼？沒有自性，真正的正因是沒有自性。一切法依因緣而生起，那個因緣是沒有自性的。依因緣而生起的，就叫正因，無自性。這樣來認識世界。說宇宙萬物的紛紜萬象，所呈現出來的全是假相。山河大地，草木的生長，沒有一法是實在的。以空義故一切法得成，空，你能建立一切法，不相障礙的。假使沒有空義，一切則不成。

要有空義，一切法才能成；若是沒有空義，一切法則不成。說這有塊空地，你建佛殿也好，建房舍也好，你建工廠也好，因為有空地才能建。如果沒有空地，都建滿了你到哪去建？你建不成了。地上頭都擠滿了，都是建築物了，你再想建，沒有地方建了。

拿這個比喻，我們心識當中裝滿了一切世間相。煩惱！執著！你那個空義，你那智慧能建立得起來嗎？到什麼地方去建立？沒有，什麼都空掉，空了才能建立。建立什麼呢？建立智慧。破一切法，諸因緣空。破一切世間相，住於所有法。如果把世間相全破了，一切法也不立。如果緣起性空義能被破壞，世間一切現相，世間這一切現相，包括緣起性空的人，連你那否定緣起性空義的邪知邪見，也無法存在。

緣起性空義　沒能破壞得了的

如果緣起性空義能被破壞，「緣起性空」這種道理要是能被破壞了，那世間一切現相，包括一切人，這種知見否定了「緣起性空」。能被破壞就是否定，否定性空，哪有實物還可以破壞，是空的，你破壞什麼？

說這種性空義要能被破壞的話，那就否定了。這種見解對不對？這個見不對，緣起性空否定不了的。你否定了，無一法存在，那緣起法不起作用了。一切物質正在運動當中，把他凝固起來不動，那世間還能存在嗎？就是現在我們這一分鐘，世界不能凝固。如果凝固了，世界整個就壞了，無法存在了。

這個道理我想大家都會明白，依著性空而依著空建立法，依著性空緣起這種法，一切法都是因緣而生的。一切法都是因緣而生的，離開因緣沒有一切法。緣起法起作用，一切法宛然存在。一切法不起作用凝固起來，一切世界上沒有了。一切法都沒有了，一切法都被破壞了。因為一切法都是依著性空而緣起，依著緣起而生萬法。依著性空而緣起諸法，依著緣起而生一切諸法。那你一定得遵循，因緣具足了才能生。缺一緣不能生的，一切物質都如是。

緣生諸法，缺緣而不能生。為什麼？因為一切法都是因果相續，因緣相聚。

無有因，沒有緣，什麼法都立不起來的。法依因緣生，亦依因緣而滅。所以因此而定義，定什麼義呢？緣起性空義沒能破壞得了的。如果不承認這個法則，那世間上的一切現相，什麼都沒有了。還能有一切法嗎？沒有了。因此說緣起性空。

如果把「性空」擺在前頭，「緣起」擺到後頭，「性空緣起」。緣起而生一切法，性空就成了道。證得真理，隨緣利一切眾生，那叫緣起。但是得隨緣，以緣起為主的。

無緣呢？無緣不成。我們掌握這麼個原則，一切法無緣而不立。沒有緣是立不起來一切法的。說成了真空，具足了法性，法性佛是法身，那叫法身佛。他要利益眾生必須以報化。法身眾生本身都具足的。但是隱，隱什麼呢？無明而遮難。但你證得了，無非是原有的，也不是外來的，也不是增加一分，不增不減。這是我們經常說的不增不減，乃至於相對法都不立了，是這個涵義。

緣起性空義是不能破壞的，也不會被一切法所破壞，這包括一切世間現相。世間所有一切現相亦復如是，永遠存在的。《地藏經》上，說地獄壞了，這個世界壞了，他搬到那個世界，説那個世界又壞了，又搬到那個世界上了。這個世界成就了又移回來了。哪地方生起，他緣起在哪個地方。這是形容地獄永遠不會空的。地獄，這個大地壞了，搬到不壞的地方。

另一種依著性空説，地獄根本沒有。沒有，那怎麼會有呢？眾生的業。業是虛妄的，是緣起的，性空裡頭沒有。這有兩種涵義，一個是緣起性空，一個是性空緣起，看來是一個，不是一個。一個是一切法的世間相，一切法的真實相。一個是如來的淨佛國土相，一個是染佛國土相，各有各的涵義。為什麼要講「性空緣起、緣起性空」？讓我們知道「妙法」，等我們講《法華經》，這就是「妙法」了。

二、一心緣起

我們現在學「性空緣起」，也叫「如來藏緣起」，也叫「法性緣起」，使我們能夠把《華嚴經》學完了之後，總結一下。在開講《法華經》之前，我們先理解他的妙處，不過大家聽起來不像以前講經論那麼熟悉，那樣容易懂，因此要有一點耐心。

能夠懂得「性空緣起」的道理，對如來一代時教，你就可以明白大意了。後頭還要講密宗的緣起，這包括如來的一切時教。釋迦牟尼佛在世的這種緣起法，你要能夠進入緣起法的話，無論聞哪一部經論、哪一法，你能夠領受它的大意。

一心緣起的涵義

現在講「一心緣起」。「性空緣起」包括很多的緣起法，得耐心的講，耐心的聽。如《心經》「色不異空、空不異色，色即是空、空即是色，受想行識亦復如是。」這段經文只有幾句，就包括《大般若經》六百卷，這是般若的甚深義，也是佛說的一代時教的中心義理。就像一把鑰匙似的，要想知道裡頭內容，你把門打開就進去了。我們不是在大寶樓閣，彌勒菩薩給善財童子打開大寶樓閣，讓善財童子進去參拜、了解一下，「性空緣起」的深義，等於是這樣子。

舉《心經》這幾句話來說，這幾句話的涵義是什麼呢？緣起。色的緣起不異於空，空的緣起不異於色。就是色的緣起，即是空；空的緣起呢？反過來又即是色。受想行識都是緣起法。「亦復如是」，就是緣起的意思。色受想行識五蘊，乃至於包括一切物質、精神、心理，沒有不是因因緣而生的。你能舉出哪一法不是因緣而生的？所以說一切法是因緣生。因緣生故沒有自性，緣生無性。

我們經常說佛教是講空義，這可不是一般人所說的那個空，也不是我們想像的那個空，而是緣起故空。在緣起法上，緣起法的本身不存在，因為是緣起的沒有自體，假因緣而生的沒有自性，所以才說空。佛所說的空義，是這個涵義。一切法都是恆依著空性而建立，但是這個空性，可不是一般我們所說的那個空。因這空而生起色受想行識，色受想行識的現相，沒有一件是實在的，都是空的。

說自性空，自性空就是緣起，色受想行識都是緣起法，沒一樣是真的。這樣講，空與有不二，有即是空，這兩個別分家。「諸法因緣生，我說即是空」，因為它是假名，假名不是真實的。但是佛法說的中道義，就是因緣所生法、我說即是空，是假名也是中道的涵義。這就是一切諸法緣起故自性空，自性空緣起而生的萬有，一切法都是如是。所有一切法是托依諸緣生的，無緣不生。緣生的不是真有，是假有而非實有。

假有，是因為我們的人依他特定的條件，特定的認識，這樣來理解，有各種語言、各種概念來表示這個東西是假的，沒有真實的。譬如我們人的名字，你可以隨便起個名字，這個名字不要再起一個，他沒有實體的，隨便可以起個名字，這只是標籤符號，不是真實，真實就不變了。因此一切法統一在緣起當中。

還有「一心緣起」。什麼叫「一心緣起」？緣起的法則觀察一切的境界相，你把他放開演繹一切法。現在世界上社會上所有的科學方法、思想的方法，都不出於緣起法。說修道者要了生死，你先得懂得緣起法，不懂得緣起法你生死了不了。從你內部觀察，一切眾生，生了死了，死了生了。

有一部經叫《了本生死經》，在經裡頭所分析的，緣起是內，觀察一切眾生生死流轉的因果，這是內緣起。還有外緣起，外緣起就是觀一切事物，內緣起專指人說的，樹木，你種下的種子，種子又發芽，發芽漸漸就成長了，成了就結果了。但是佛的四眾弟子，大都是觀內緣起。內緣起是注重你的心，從你的生死根本出發，我們都要了生死，斷煩惱，這就是生死根本，從這個出發點出發觀察內緣起。這叫內緣起。

從你的內緣起跟外邊的現相緣起，拿兩個作了解作比喻，一個生滅法，生死流轉，生死流轉有因有果。我們想要了生脫死，關鍵在什麼呢？就是我們自己的心，或者是染，或者是淨。染，就流轉生死；淨，就脫離生死，不離開這兩種。說外頭一切的世界，器世間也如是，生住異滅。

這就是大乘佛教所說的種種。那麼我們一般說人的精神，就是社會上講精神。有精神才能變物質，物質反過來影響你的精神，這叫「一心緣起」的法則。「一心緣起」的法則，不會變化的，同一個緣起觀察，一切事物的演變、到一切事物的深化，乃至很複雜、很複雜。就像現在講基因、講稼接，稼接本身就是緣起。這是我們佛教的理論，我們根本的立場，了生死，求解脫。根本的道理就是把一切佛所教導的理，讓我們心裡頭把它們運用起來。苦集滅道四聖諦，諦者就是理的意思，把這個理收攝歸於我們的心，使我們的心跟我們外邊的世界，就是世界觀，內心的世界跟外邊的世界，這樣認真的觀察，觀察他的真理。

佛教講緣起法，跟其他的道教、回教、天主教、基督教相較，我們跟他們的立場是不一樣的。不一樣的特點在什麼呢？佛教講一切教義，不離開於心。所以說唯心法門，這是一切緣起法，他的中心點是以自心觀察著染和淨，觀察因和果，這就是我們佛教的綱領，染淨因果。

掌握「一心緣起」的內容之後，依著「一心緣起」的義理，順著這個道理去研究佛法、學習佛法，他與一切的道不同點在什麼地方？在佛教的本身，四教、五教、法相、唯識、戒律，有種種的派性，但是基本的原理是一心。所以叫「一心緣起」。懂得「一心緣起」貫攝於大小偏圓頓漸，一切佛所總持的法。

業感緣起

首先是「業感緣起」，由業的因緣而緣起。這是第一種緣起。「業感緣起」，不論是大乘小乘，聲聞的四諦法，緣覺的十二因緣法，大乘的六度，四無量心，慈悲喜捨，「此生故彼生，此有故彼有」，大多數緣起的涵義是這樣。眾生所現的現相，就是苦集滅道的四諦。生老病死、五蘊熾盛、愛別離、怨憎會、求不得，這一個是苦果，八苦交煎的苦果，是苦諦。

諦是顯理的，苦是事實，諦者是不苦，八苦沒有。沒有的原因是由緣起法故，那造成這些苦果的因是什麼？是心。因為你心生起的貪瞋癡，起著種煩惱，這些煩惱是本，造了你有惡有漏的善業惡業。這是說感到輪迴的果，我們一般說六道輪迴。造了這個苦果，這個苦果就是集感來的，集諦招集來的，集諦就是因，苦果就是受的果，就是集的因。

一般說淨心之法，是把我們的心清淨得修道。你不修行，心怎麼清淨呢？

修行就是修道。修道的因一定要感滅的果。滅的果呢？滅非滅，是涅槃，就是不生不滅的意思。苦集滅道四聖諦法是佛的根本教義。

進一步是十二因緣法。依著苦集滅道而產生的因緣法，有生一定要死，生於三界。生了之後，你會取，執著取捨，愛你自己的身，愛你的身就有一種領受。你在生活當中一定有苦有樂，一定會接觸萬物，萬物就是心跟境接觸。當你一接觸境的時候，有希求，那境有苦有樂，有愛有捨。那你不愛你就想捨掉，愛你想取。所以你這個六根就接觸六塵，接觸六塵的境。眼耳鼻舌身意，接觸色聲香味觸法。但是你的根跟境接觸，一定產生分別，這個分別叫六識。

總說起來，十八界都是五蘊，色受想行識。在這裡頭就生起次第，這個就是業緣。你起惑造業了，緣念外頭境界，煩惱業惑是根本。煩惱業惑是什麼的表現？愚癡。愚癡是什麼？無明。無明是什麼涵義呢？無明的涵義很簡單，黑暗、不明白、沒有光明。說這人很愚魯，為什麼？不了真實，說他沒有智慧。

前面所說的都是屬於小乘教義。小乘教義破除什麼呢？他看成一切事都是實在的，我是實在的我，外頭所有境界相，任何事物都是實在的，他不知如幻，也不知道緣起法無我，他把這個我當成實在的。執著一切法，執著實我。這就苦了，他不知道這個東西都是假的，生滅法，沒有實的，二乘法就是如是。

大乘法，特別是密宗，實際上也不離開四諦十二緣起，能離開染淨因果嗎？離不開這個框架。佛說這一切法，眾生不能理解，不過他深入了，更細緻了。

阿賴耶緣起

其次就是「阿賴耶緣起」。「阿賴耶緣起」，華嚴宗判為法相宗，以第八識阿賴耶識為主的，判為法相。主要的經論是依著〈攝大乘論〉。在攝大乘裡，就是三自性緣起（依他性、分別性、真實性），每一部經論都講緣起法的。〈攝大乘論〉說，眾生的阿賴耶識，具足無始以來的有漏種子，但不是無漏的。有漏的種子為因，以此為因，把他自己的心和識，變現出來的末那，末那就是第七識，眼耳鼻舌身意，這叫六識。

他不能理解這一切境界相，唯識變現。不理解就不明了，不明了是唯識變現，把這個有漏的種子當成因，把這個作成因；把他心識所變現的外境界相為緣，因緣。這個中間含藏著無始以來的有漏種子，不能離開他的心，就是識，與生俱生。我們一生下來，八識就與你俱生。生來之後了，不斷的起惑造業，生生世世都在起惑造業，輪轉生死當中。因為他不了解這是心識所變的，他起執著，不斷起惑造業，起惑造業就得生死流轉，自己給自己作障礙。自己就造成有礙的，沒有智慧。因此生生世世的都在染汙當中，污染的報身，污染的外邊境界相，全是染汙的。

這些種子是誰呢？阿賴耶識，阿賴耶識是種子。我們若想把這個染翻過來還淨，要發心，發菩提心，修六度，修四攝法，轉變了。因此說萬法唯識，就是一個阿賴耶識。若想翻染還淨，先得破除我執我見，進一步再破境界相，破我法二執。這個時候把八識轉八識成智，把煩惱的苦惱的身心轉成佛身；把外邊的境界相，染土轉成淨土。這就是「阿賴耶識緣起」的轉變。

在大乘教義講，說空宗，這是因為大乘之中有一派，叫中觀派，或者是三論宗。中觀派跟三論宗的教義，他叫性空緣起論，也就是我們現在講的「性空緣起」。

說諸法是因緣生的，本來就沒有自性，因此說他空。這個空不是究竟，空亦復空，再把這個空，空掉，說諸法實相義，說諸法的實相法。這個空掉的是什麼呢？眾生妄想，識心，阿賴耶緣識的那個識心。因為這個識心違於緣起性空，違背真實，把假的當成實有的，所以才生起我執法執，產生無量戲論。

如來藏緣起

大乘的空宗雖然證得諸法實相，勤修六度萬行，滅我法二執，但是不能證如來藏心，所以第三個就講「如來藏緣起」。

華嚴宗判《楞伽經》、〈大乘起信論〉等經論，講「真如緣起」、「如來藏緣起」。因為一切眾生的心哪，本覺的真心，也叫佛性，一切眾生本有的佛性，如來藏、心真如。本來是寂滅的，寂滅的是沒有一切法的，是清淨的、所證得的都是清淨功德。給這世間出世間法，是為體，所謂世間法出世法的本體。在世間法、出世間法，隨緣現相，隨著而產生的現相。因為不覺，真心產生了無明。〈大乘起信論〉是這樣講的，「一念不覺生三細，境界為緣長六粗。」這樣子就得生死流轉，造成生死流轉的眾生界。

雖然在生死流轉，但是真如隨緣，隨緣不變。如來藏性不減也不會滅了，滅都不滅還能滅！所以能夠轉迷成悟，轉一下就把迷轉成悟。這就涵義就說是，本來就是佛，跟佛無二無別，這叫「如來藏緣起」。說眾生與佛只在迷悟之間，中國禪宗也如是說，迷悟之間。但是迷也好、悟也好，都是一個真心，依本覺而起。

法界緣起

但是這幾種緣起，都不是我們所要講的緣起真實義。我們所要講的緣起是什麼呢？華嚴、法華。華嚴、法華所依的緣起，叫「法界緣起」，也就是圓融法界無量的緣起。所以《華嚴經》判成一乘圓教。《華嚴經》與天臺宗之說，都是一真法界。這一真法界，說一切眾生本自覺悟的真心，由是真心而體現，宇宙萬法，萬法皆自性空，這就叫「法界緣起」，唯心識觀，這叫唯心觀。《華嚴經》把唯心觀分成「真空絕相」、「理事無礙」、「周徧含融」，天臺宗把真實觀分了空假中三觀。空假中三觀跟華嚴三觀，名字不同、意義相同，總說叫唯心觀，萬法都是自性空的。這就是唯心觀。萬法皆是唯心現，同是一真如。

《華嚴經》也講一即一切，一切即一，一毛毫端現寶王剎，互相攝入無礙，法界緣起，緣起無盡。所以互相交織成為事事圓融，事事都無礙，重重交現的。這叫法界大緣起網。日本也依中國這個如是說，日本真言宗講「六大緣起」，世間出世間的一切法，都是以地水火風空識而成就的，以六大為體性。眾生身跟佛身，六大沒有差別，因為眾生自然具足佛的智慧，本具不是修成的。

《心經》上講，心和色沒有礙，心即是色，色即是心，心色無二。所以這個跟禪宗說，當下就是道，凡是一切事都是真理，事事皆真；但是有粗有細，有極細。為什麼不能顯現？妄執妄念，遮蓋住了，你自性的清淨心被這個六大給障礙住了，遮閉了，所以不能夠顯現。但是假修為，有修有相法，進入到無相法，就把你的身口意跟佛的身口意相應，在密宗叫三密相應。就是我們念那個「嗡啊吽」，身口意三密，三密相應。這是從粗到細，即事而真，即事而真呢？把事相所起的變成真的，把你有生的分別妄執跟你那細心，就是七、八二識，我們在識說識相，我們現在所用的識就是七識、八識。密宗叫明點，密宗修明點的法就是觀明點，觀筋脈。俱生法執，跟有生以來的自然就具足的，把你那個本具的心體的光明，它給你遮蓋住了，所以顯發不了。因此，再起妄想起惑造業，有惑起業，造什麼業流轉到哪一道，六道輪轉。粗惑有細惑，說天道、人道、地獄、餓鬼、畜生，就隨你所造的業，這個就叫眾生。

同時，密宗講「即身成佛」，修大圓滿手印，修大圓滿見，這是藏密，不是東密。日本的密宗是從中國傳去的，沒有藏密。西藏的藏密是從印度直接傳的，修大手印法就是能夠親見道果。

心生的喜悅是什麼呢？了得自己自心即是佛，生大喜悅。即身是佛，生死和涅槃，一切法，你本覺真心所具足的。這叫「法界緣起」，都在法界緣起之內。真心本來具足三身四智，這叫密。你不知道，所以叫密。你啟發出來，啟發是得假修造吧？不假修造，當體即是。這一種就是我們禪宗說的頓觀心性，我本來就是佛，把塵垢洗去就是了。這叫「法界緣起」。

懂得這個道理，先要明理而後才能起修。懂得什麼道理呢？窮盡法性真如實體。即身成佛，速成佛，都是這個道理。這個在「如來藏緣起」，在「一心緣起」當中沒有什麼差別。這跟「法界緣起」有什麼差別嗎？眼耳不離佛的法身。

《佛說造塔功德經》有句緣起的偈頌。這個偈頌叫什麼？「諸法因緣生，我說是因緣，因緣盡故滅，我作如是說。」從你的心來觀，染法、淨法，染有染的因果，淨法有淨的因果，把生死流轉的因，歸結到自心的迷惑，把無明的染因解脫了。無明的染因解除了，第一個先解脫了生死輪轉的苦，把因緣和合破壞了，超出因緣和合，破壞了有為的境界相。那你所觀的心，有真有妄。

我們所說的無明，有淺有深，迷的深就深了，迷的淺智慧還是在。就所觀的心來說，這叫「業感緣起」。「性空緣起」所觀的，只有前六識。「阿賴耶緣起」所觀起的為八識，前六與八識全都屬於妄，沒有一樣真的。「如來藏緣起」、「法界緣起」，乃至「六大緣起」，把它所有能觀的心，屬於真心。

「業感緣起」說的是滅妄歸真。「阿賴耶緣起」是轉妄為真，不同的。「業感緣起」是滅妄為真，「阿賴耶緣起」說轉妄為真，「性空緣起」說離妄即是真，離無明妄即名涅槃，都按根本惑來說的。

「業感緣起」說是滅妄歸真，由業感，是業，把妄業滅了，歸於真實。「阿賴耶緣起」是轉妄為真，轉妄為真跟滅妄歸真不一樣了。「性空緣起」離妄就是真，沒有什麼轉也沒有什麼滅，你轉一下就是了，性空緣起。「如來藏緣起」，寂滅涅槃。

就無明來說的，「業感緣起」，因為不知諸法，無我的真實性而起的煩惱無明。「性空緣起」是以名言分別戲論，所起的我法二執，這個就叫無明。「性空緣起」，本來就是空的，妄起的念。「阿賴耶緣起」，不了萬法唯識，回歸萬法唯識。心也沒有心，心無心而生分別心，俱生我法二執叫無明，與生以來的我執把這個當作無明。「如來藏緣起」是迷昧了本覺真心，迷了這個絕對圓滿真心，這個就叫無明。每個緣起所含的定義，有所差別。

我們現在先講華嚴、後講法華，天臺華嚴二宗，我們把它融歸到一起。天臺宗也好，華嚴宗也好，都是以苦集滅道四諦，一切眾生的共同綱領。不論天臺宗、華嚴宗，苦集滅道都是相同的，這是綱領、宗旨。

生滅四諦

所有判教的諸家，把苦集滅道歸納為四種四諦，以下分別說一說四諦緣起。第一種「生滅四諦」，生生滅滅，滅滅生生，從滅生的角度出發，說滅盡無明，染因沒有了，證得寂滅涅槃。「業感緣起」，屬這一類攝。你起惑造業的緣起，都攝到生滅四諦裡頭。一個說法，一個說惑業。這是「生滅四諦」。

無生四諦

「無生四諦」，從因緣生法、自性本空的角度來說因緣所生法、我說即是空，證得無明沒有本，無明是假的。煩惱沒自性，煩惱本空。一切諸法本來就是不生不滅，與實相相應。這時候修菩薩萬行，證入涅槃。「性空緣起」，就是這種道理，這個講的是「性空緣起」。

第一個「生滅四諦」，第二個「無生四諦」，也就是性空緣起。

無作四諦

第三個是「無作四諦」，原來就沒有，還有什麼造作呢？苦集滅道本來就沒有，是空的，所以無作。肯定眾生心，眾生的心性就是佛性，從佛的角度看，無作。說眾生心本覺的就是真心，這個真心在凡不減，也沒減少，在聖不增，也沒有增加，原來如是。在聖的不增，沒有造作，沒有修為，你修成佛了也沒增加一分，在眾生也沒減少一分，轉一下，轉迷成悟。是本覺自然具足的具足德用，叫本覺性，這是什麼呢？「如來藏緣起」，「如來藏緣起」屬於這一類。

無量四諦

還有一個「無量四諦」，這不是苦集滅道的四聖諦法。縱觀佛的因行果報，以佛因行的果報，以境地的覺度來看這一法，一真法界，本具無量無礙的妙用，緣起真理沒有什麼願心而顯現的，不假發願心而顯現，這叫「法界緣起」。

佛教傳入東土以來的歷代祖師所判的教義，從「業惑緣起」到「法界緣起」，從「生滅四諦」到「無量四諦」，都是依心的真妄而定的，心真心妄，說無明的深淺，說觀境的廣狹，都是從圓融的體性，圓融的相，圓融的性，真諦俗諦中道而言的。空假中三觀，真諦俗諦中諦。

那麼所說的無明，無明有淺有深哪，視無明的淺深而定。但是你所觀的境，看你修什麼觀。像我們修真空絕相觀，跟事事無礙觀，二個絕不相同。看你修什麼觀來定，觀境，看你對外邊境界相怎麼看法。

舉例說，我們這一舉一動，所有的言語，身上的行為，心裡的思惟，無非是三業，一舉一動都有軌範的。依著佛的教導，你哪個是不許做，哪個是你不能做，這是初步的教義，也是對境而言的。

大乘就不是這樣。大乘在一切法上都是自在無礙的，怎麼做都是利益眾生。本來我們做起來就是破戒，菩薩戒菩薩做起來就利益眾生。但是你得知道自己的地位是什麼。這就是妙用。看你證得真理如何，所顯現的道理不同。為什麼說觀境的時候，看你怎麼對待境界相的。如果你不但觀空，而且做起來一切法是空的，那你做任何事情都沒有什麼戒不戒的，都是空的，對境驗心，這叫「法界緣起」。

總的說，一切諸家的論述，唯獨一心的境界，一心的緣起，道理是很精純，義理非常繁複。在《華嚴經》上講，文殊菩薩教授我們「善用其心」，能把心哪，有智慧現用的。把你現前這個妄心，現前我們現在都是妄想心。我們把這個妄想心攝受好，在心對待外邊境界相的時候，你的心不被聲色所誘惑，一點的煩惱都不生。凡使你身心煩惱的都是惡業，心裡一煩惱，惡業的根本。那你一生這個煩惱，一切根本就是欲界的苦果。你把欲望除掉了，煩惱不生了，欲界苦果就沒有了，因滅了，果就滅了。一切染因沒有了，那你還能感到染果嗎？這個惡感緣起就不起，沒有了。

一切法都如是。因為我們內心總有一些分別，執著名相。都是自己自心編造的，這個自心屬於阿賴耶識的緣起。如果你光外邊的境界相，曉得這個境界相沒有，依著自己的心而生起，因為依著外邊的境界生起分別心來，曉得這個分別心不是真實的，是空性的。那心空了，外邊境界相也就沒有了。心空了，觀念所想的空，境界相也空，無所障礙。心行處滅，言語道斷，心裡頭沒有運動，沒有思念。那就沒有言語，外邊境界相也不生了，那證到什麼境界呢？諸法實相。這個實相怎麼觀的呢？是觀性空緣起而得到。依你所觀的境界與實相相應，這就是我們講《華嚴經》說離念相應的境界相，離念是達到什麼呢？空、明、樂，密宗是這樣講的明點樂點，眾德現前具足如來智慧德相。

因此，研究學習緣起諸法，能制止你的心不生不起，萬法皆寂，一切萬法都清淨，達到事事無礙。緣起法，他的妙用，他的圓融，這就入了法界了，圓融妙入法界。因此諸佛所證得的，性起之妙相或者是妙用，這就是妙法。

《妙法蓮華經》跟《華嚴經》講的道義，一開始絕對不同的。《法華經》都是大阿羅漢，《華嚴經》都是諸大菩薩，這兩部經能契合真如法性，一個是「成佛的法華」，一個是「入法界的華嚴」。由這種修行的一切法，都變成善業，你的一舉一動都是萬行莊嚴，處處都是真的。把眾生自己的體性，圓滿的開發出來，它所具足的真理、所有一切道德都在生活當中顯現。眾生的身心即是諸佛的身心，諸佛的身心就是眾生的身心。你能夠這樣的如實觀察，一切現相在理性當中得到了證實，這叫什麼呢？緣起法則。

同時你認識到諸法皆是因緣和合的，沒有一法不是因緣和合的，他都沒有理性，沒有自性，所以說空。他怎麼樣顯現的呢？唯心所現。因此在時間空間，一和多、淨和染、境界和智慧，都是空的，沒有不空的，都沒有自性，唯心所現。

心本來是無礙的，你產生了種種的妄想執著，自己給自己生障礙。這障礙怎麼來呢？迷了，執著不捨而有的，一切現相都是你迷，眾生自心迷執，迷了又執著，迷了才執著，不迷還執著嗎？這是迷了執著無明。但是執著也好、迷也好、無明也好，沒有體性的，不是實在的東西，根本就沒有。

像我們講〈大乘起信論〉，迷人認東為西，把東邊當成西邊了；一旦覺悟了，知東非西，東邊可不是西邊。其實，東也沒有、西也沒有，自設境界，因此知道生滅法是無常的。依緣起而產生的萬法是假的，不是真有的、是假有的。

你能夠從這個道理懂得一切法不生不滅，不以緣起而有的實體，這個實體叫佛心，無體之體的。而且這個實體跟萬法一體，萬法依之而生的，無二無別，也就是不生不滅。是這樣解釋不生不滅的。因此懂得緣起，依著本來的自性空，本來自性空而起的緣起，從理上說，緣起的當體便是性起，緣起就是性起。

〈華嚴遊心法界記〉說，諸法無自性，無性的果生的，無生而生，無生而生即是生即不生。那叫什麼呢？給它起一個名字叫「性起」。在晉譯華嚴，不叫緣起，晉譯華嚴叫〈性起品〉，唐譯的華嚴叫〈如來出現品〉，〈性起品〉是指性起無性。懂得這個道理了，才真正的明白「緣起性空、性空緣起」。

〈普賢行願品〉是最後翻譯的，說世間出世間一些諸法，全是性起，性外沒有別的法。諸佛與眾生，淨土與穢土，是一個，是融通的，淨收穢、穢收淨，淨的法性，穢的法性，只是一個性，就是法性，彼此互收。微塵、法界，微塵是法界極小的部分，但是一微塵就是一法界，舉一微塵就是全體法界，這叫相即相入，無礙融攝。

因為我們要講妙法、講《妙法蓮華經》，你得懂得這個道理。你不知道這種義理，你看《法華經》是羊車、鹿車、牛車，想像火宅去了，其實也沒有火宅。那是比喻，不然你聽《華嚴經》白聽，聽了《妙法蓮華經》也白聽。

必須懂得緣起，因為法華、華嚴都是「法界緣起」，為什麼要說這部經？

「法界緣起」。所以在諸佛與眾生之間，極樂世界與娑婆世界，一個淨一個穢。無論哪一法，法法互收，哪一類的微塵都是四法界。它是相即相入的，無礙融攝的，這才真正的叫佛法。這種講佛法的道理，除非我們講《華嚴經》這樣講。你跟一般的道友講什麼叫佛法，你把《華嚴經》的意思搬出來給他講，他莫名其妙，不曉得到達什麼地方，所以得應機說法。

三、性起與性具

性起法界

緣起法，有時候說諸佛所證的法性，就叫「性起」。性所生起的妙用，這個妙用契合於本具的法性，因此就說「性起」。諸佛所證的性起妙用，就叫「性起」。

這個妙用顯什麼？顯你修行的一切萬行。修行包羅的很多，所以加一個萬行，這個就是因。因必須假緣而顯現。沒有緣，因所具足的不能顯現也不能成就。這是眾生自己的自性。眾生自己證得的自性自體，把潛在內心當中的開發出來。這個道理，諸佛所證得的就是一切眾生本具的。內具的必須得顯現，就是眾生的身心應該通過實觀修行顯理的境界，這就叫「性起」。

這都是解釋「性起」的，因為修的因緣顯現而生起的緣起，這個緣起在諸佛當中又叫「性起」。同時要認識到，一切法是因緣和合的。但是，因緣和合的沒有自性，因此名約空。空就是唯心所現的境界相，沒有境界相。所現的境界相是無境界相的境界，因此而說空，都是唯心所現的。

或者說一多，或者說淨穢，或者境，外頭的境跟你的智慧，其實都沒有。這叫不空的自性。不空就顯現有些境界相，境界相不是實的，不是自體所具，但是惟心所現的。所以說「性起無礙」，性起假緣生而無礙，因為它本來就無礙。但是所有的眾生因為生起了障礙，障礙是什麼呢？迷了性了。自己障礙，迷了這個性，就不知道自性。這叫障礙。

一旦覺悟了，覺悟了明白自體之後，一切的緣、幻化境界悉歸消滅。因為一切的生滅都是無常的，說緣起的萬法都是假有的，不是真實的。真實的是什麼呢？是不生不滅，不是生滅法。我們本具的性體是不依著緣起而有，那個實體是萬法一體，無二無別，也就是我們經常說的不生不滅常住的自性，就是萬法的體性。

若能懂得這個體性，就知道顯理，這是從理上說。因為我們現在是講緣起。緣起的當體就是性起，把緣起作為性起來說。賢首大師有一部作品叫〈華嚴遊心法界記〉，說緣生無相，一切相沒有自性的，無性而能生起法，這個法是無生而生。無性而生的法，生即無生。生即無生就是不生。不生怎麼又有了呢？性起，依性而起的。什麼原因這樣說？因為他自己本心本具的，無性而生。無性怎麼還能生呢？說生即不生，顯現生即不生，所以叫「性起」。

這一段話都是解釋「性起」的意思。諸佛所證得的那個，叫「性起」，或者說是妙用。諸佛的妙用是性起的，不是緣起的。這個生一切法叫性起法，性起生的。因為所生的都是自性，自體的自性。這一段話是在〈華嚴經探玄記〉裡頭這麼說的，「緣起即名性起」。在〈普賢行願品〉的疏鈔，說一切世間法，或出世間，一切諸法全是性起；性以外沒有法，性外無法。因此諸佛即是眾生，眾生即是諸佛，生佛交徹，眾生徹位為佛，佛徹底來說就是眾生。淨土與穢土是融通的，土就是莊嚴佛土，沒有淨穢之分。

為什麼呢？法法皆是法性，沒有彼也沒有此，沒有彼此。凡是有塵有相的叫色法界。色法界沒有淨穢之分的，無礙圓融。若是化別的說，淨土的人生不到穢土去，穢土的人也不會到淨土去，各各不相干。若是融通的說，在穢土也能生到淨土，淨土也能夠示現到穢土。這種道理非常的深，不是我們現在這個知識所能理解的，因為我們現在是識分別。這是性，性無分別，這叫真性靈明。權體就是用，用就是權體。這個法，就是妙法。

在理上，萬法常時寂然不隨緣。隨緣而現的一切眾生界，那就叫緣分，萬法的本身是不隨緣的，這叫「性起」。但是我們現體是講緣起，這是約佛的自分講；約眾生分上講，真如隨緣而顯現的眾生界，這叫緣起。真如隨一切眾生緣。但是眾生是違背真如的，違背真如而造業，這個緣起所造的業。雖然造了業也不能使性空，也不能使性空的性體變為眾生，是這個涵義。所以在融通方面講眾生能夠成佛，佛也能隨緣度眾生。就法性的自分說，《華嚴經》講權體即是用，權為用就叫性體。眾生雖違背真如起惑造業，但是不能令性空緣起的法性，稍有改變。這是說法性永遠不會改變的，獨顯法性，依著這個道理我們一切眾生的法性是清淨無染的。所有眾生相是浮現的浮塵，這個意思就是權體即是妙用。

性具三千

反過來說，權用即是體。當下所有一切現相就是真理，而事事皆真。即事即真。為什麼這樣說？因為法性的理體本來具足的，所以天臺宗叫「性具三千」。現在我們講天臺宗，因為要講《法華經》才如是說。這是法華教義。由於法性的體具，所以叫「性具」。天臺宗說，佛不斷性惡，眾生也不斷性善。眾生心性本具的善業，眾生不斷性善，諸佛不斷性惡。天臺宗是這樣立教的。乃至密宗教義說貪瞋癡，也是諸佛的方便道，把貪瞋癡為方便道。

天臺宗說，權體都是大用，權入都是體，一念就是三千，說這一念是假借權體而起的，有性有惡，有性善有性惡。眾生具足性善而不斷。這就是性具的理論。但是就一切世間相，世法而言，那麼諸佛順著法性而起，從體所起的妙用，妙用是無礙的，是常樂我淨。永遠就是如是的。眾生迷了這個理了，迷了啊，不是失掉。眾生迷了這個理，背理合塵。背了這個理所起的念頭，所生起的心。那就叫迷了。這個念、這個心，都叫迷了，所以跟諸佛的常樂我淨就不一樣。

儘管是一性，諸佛是證得了這個性，眾生是迷了這個性。所以眾生是流轉六道。但是這個心是妙用無窮。諸佛取這個心，證得這個心來利益眾生、化度眾生。眾生本具有這個心的善性一面，所以他也能轉迷為悟。因隨緣故叫「緣起」，隨性故叫「性起」。一切諸佛從這個妙體而起的大用，那是自受用境界，亦令他受用，以此來化度眾生。因此佛是絕對自在的。眾生呢？迷了就不能自在。這是受諸法的自樂。依著這個道理就說明我們能夠修，修就是隨緣而起的善修，在事上的事修。

這個緣起是順善的、順因緣的，能夠回歸你本性。在諸佛呢？就叫性體，佛與眾生都有這無礙的利用。眾生迷失了，不能用，諸佛還歸用，這是相同的。

如果是由境界因緣講，單從佛的方面研究，佛有無礙的利用，但能不能轉眾生業？把眾生都度盡呢？辦不到。如果辦得到的話，過去無量諸佛早把眾生度盡了，可是眾生界不盡。為什麼？佛不能夠令眾生業消失，眾生業得眾生自己轉。佛是能度無量有情，但是不能盡眾生界。佛能夠示現無量身，隨緣赴感靡不應，但是無緣難度。所以眾生界盡不了，無緣的見不到。

儘管現在佛法很普徧，經書印的很多很多，寺廟很多很多，但是多數人沒有見過寺廟，沒有見過佛經。如果你調查一下，我們國家現在十三億人，能夠跟佛法有緣的、跟寺廟有緣的，還是為數不多。度不盡哪，原因就在此。

佛能度無量有情，但不能度盡眾生界，無緣難度。佛若想度盡眾生，一廂情願是辦不到的，因為眾生不接受。就像日光月光，他是普徧照耀的，有沒有黑暗面啊？有。生下來就是瞎子的人，他看見過月亮是什麼樣子？看見過太陽是什麼樣子？太陽跟月夜是無私的，並不是想讓誰看不見我，沒有這個意願的。盲者生來就是盲的，他根本沒見過日月。佛法也如是。我們一般說歸依三寶，信仰三寶供養布施，聞聞三寶的名字。不知道大家考驗過沒有，像來普壽寺受三歸的不少吧，但這個數字對全國人民來說，那是太少了，不只普壽寺，別的寺廟說三歸的，總說起來的歸依三寶還是太少了。歸依三寶是不是就能修行呢？能夠把業障消失呢？還是辦不到。

以這個道理來推斷，能夠得到佛菩薩加持利益的、聞法生信解的，還是少數。無緣哪！佛的神力再大用不上，不信的無緣的，無緣的怎麼度啊？所以度不成。我們經常有說念佛就能可以往生極樂世界，這個道理很普徧的誰都懂，怎麼念哪？念法不一樣的。一會念，一會不念，能夠往生嘛？往生不了。

說帶業往生，帶得動的業你可帶著往生了。帶不動的怎麼辦哪？還沒到能帶動業往生那個程度上。因為你還帶不動，帶不動還是去不了。帶動帶不動從什麼上講？功德的大小。一個是說功德，二者說修行力量的大小，這一切都得由因緣而定。因此說因緣，也就是緣起法。

並不是一入三寶門就能離苦得樂，每位道友天天在修行，你的修行善業跟你的煩惱還是交雜在一起的，沒有離開煩惱。看哪個重了。但是我們的心，我們現在眾生的心跟佛的願結合起來了。我們這個心，現在我們的境界相跟佛利益眾生的相，兩個相應了，佛就能攝受到我們，佛的力量能攝受我們。如果我們業障重，佛攝受不動，那你還得輪轉、還得受。

性起加持力

密宗《大日經》也講這個道理，《華嚴經》的〈如來出現品〉，在《大日經》叫〈悉地出現品〉（《大毘盧遮那成佛神變加持經》第六品），也如是說你本性自具有的清淨功德，那個產生無量妙用，能夠顯現。那你就能夠成就。這叫什麼呢？

性起力，就是法界力，我們經常講的法界力。但是你自己的功德跟如來的功德加一個法界力三結合，三力結合了，你才能夠生到淨土或者了生死、證涅槃，這叫性起加持力，性起的功力。你自己的功德力，跟法界的自然力，跟佛的加持力，三力結合。或者自力佛力，二力結合。但是法界無障礙的功德，能夠速能顯現。淨土法門說深奧的時候，也就是秘密法門。

因此「性起」跟「緣起」非常的重要，給大家解釋解釋「性起」，這才知道無緣的眾生也能得度的。說無緣大慈，每位佛都這樣發心，每位大菩薩也是這樣發心。我們學佛學菩薩也是這樣發心，無緣大慈。但是無緣的慈悲他還得不到。那是說性的作用，性的作用就是性起的作用。雖然我跟他無緣，他也具足自性、佛性。乃至一隻螞蟻，一隻蚊子，一隻老鼠，一隻蒼蠅，牠也具足佛性。佛性是平等的，但是業惑不平等的。佛的神力妙用，但是你無緣，無緣接觸不到，佛不能夠代眾生消業。如果能的話，眾生界沒有了。因此業得自己消，這是「性起」的意思。

眾生本具足的自性能可以成佛，但是得遇緣。遇著逐漸的能成佛，沒遇著緣、業障沒消的時候，那就等到有因緣再說。跟釋迦牟尼佛沒緣，等到彌勒佛；跟彌勒佛沒緣，等到樓至佛，等到一千尊佛，最後韋馱菩薩來成佛的時候。賢劫千佛沒有緣，等到星宿劫千佛，那就等吧。所以說未成佛果，先結人緣。

比如說我們大家看著一堆螞蟻或見著一些畜生，或乃至見著人，你發了結緣心嗎？我跟你們結緣，我要度他們，起碼得發個心，這是結緣的方法。或者我們坐火車這一列車，我們這坐的一列車一百多人，這一趟的火車那一千多人，你坐個汽車十來個人，坐飛機，大飛機二百多人，一般的飛機一百多人，你發願了嗎？跟我同乘這個飛機的、同坐輪船的、乃至同一同走路的，我發心跟他們結緣，將來都度他們。見著螞蟻、見著一些小動物，你給牠說個三歸。你作過好多呀？要結緣得發菩薩的大心，這才能結緣。

這個道理，如果你這樣用，漸漸地你的緣法就多了。緣法多了，你度眾生才成佛，眾生也度的多。你對眾生如是，反過來，眾生對你也如是。我們這裡有好幾百人，總有聖人。聖人就是他已經成道了，他示現在這裡，你認識他嗎？也是跟他結緣，他跟我們結緣，我們跟他結緣。這個緣就是這樣結的。

這就叫「緣起」，也叫「性起」。現在可以對我們說佛性都顯現了，我們不只是三歸，乃至於五戒，比丘、比丘尼戒，菩薩戒，還不只戒。他聞著《大方廣佛華嚴經》，同在華嚴會上。現在又到靈鷲山法華會上。這個緣所結的不是我上來所說的緣，我們這個當中有一位佛，有一位菩薩哪個先成來度大家，我們跟他一起成。這叫結緣，這叫緣義。緣起，就從現在開始起，以前的不說了。以前沒緣聚不到一起，聚到一起盡打架吵嘴，那叫惡緣。惡緣也好，只要有緣。為什麼？有惡緣，漸漸惡緣能變成善緣。反正你跟我、我跟你，糾纏不清。有了緣，今生到一塊堆，來生我還找你，我要報復，這是惡緣。善緣的話更不同，這就叫緣起。反正得結個緣，無緣是不行的。無緣不聚，沒有緣聚不到一起。

大家想一想，我們不說國外，就說中國十三億人，你能接觸幾個人？我現在我感覺到接觸的人不多，到的國家也還是不多，量很小。但是在地球上六十五億人口，你接觸好多？這光說人，還有其他的眾生呢！這就是緣起。緣起就是有緣，但是得生起，一切事物都在因緣所生起的。

四、分科判教

現在我們要講《妙法蓮華經》，《妙法蓮華經》第一個「教起因緣」，還是講因緣。說這部經《法華經》，佛就教導我們，以《法華經》能成佛，「成佛的法華」。何因何緣說《法華經》？如果釋迦牟尼佛在印度靈鷲山沒有說《法華經》，我們也聞不到這個法。這個教是什麼因、什麼緣發起的？

佛說《法華經》是在印度在靈鷲山說的，我們在東土，這部經從印度傳到中國來。印度的語言文字要把它翻成中國語言，就是《法華經》傳譯的時間，他的條件。

第一，教起因緣。第二，說《法華經》傳到東方中國來，傳譯的情況。第三，把《法華經》分科判教，一個一個項目分開判教。第四，解釋《法華經》有多少品多少類，品類的具足，度的是哪些人。第五，解釋《法華經》有三大部；這是標題，完了再講三大部。在四教講，每一法都有五重玄義，五重玄義是懸談！第六，略釋五重玄義。第七，五時八教。第八，誰譯的，譯者的大師。第九，解釋經文。第十，勸修。這十種，從第一教起因緣，乃至第十結文勸修，以下一個一個解釋。

以前我們講《華嚴經》，或者這幾十年我講經，沒有分科也沒判教，直接講經文。為什麼現在講《法華經》要分科判教呢？因為我們現在結夏安居，大多數都是出家人，出家人能夠耐心接受，在外邊給居士講沒這個耐心，聽的不耐煩。你講《法華經》，給我們講《法華經》就是了，說了這麼多，聽也聽不懂，不知道說到哪裡去了。

我們講「緣起性空」，感覺大家聽的不耐煩。以前很少這樣聽、這樣來學。講哪部經，那就開頭講哪部經，也沒有什麼懸談，也沒有教義的分判，也沒有什麼因緣。現在囉嗦一點。為什麼？講這部經的正文，前頭還有很多條件。每一法都有一個因緣，都有傳譯的時間，哪部經誰譯的。一部經好多人翻譯，好多大德給這部經寫注解。你解釋一道，我又有我的知見，我又解釋一道。這都是住佛學院，在佛學院裡頭給你分析詳細；現在佛學院也不大分科判教。我們這是有點古老的形式。這叫分科判教。所以還沒有講經之前，先懸談一下。

《妙法蓮華經》一共分七卷二十八品。卷是多數，品是一品一類的。這就要分科判教，總共是二十八品，六萬九千多個字。

《法華經》的傳譯

《法華經》的翻譯有幾種譯本，現在我們講的《法華經》譯本是後秦時代鳩摩羅什大師翻譯的。鳩摩羅什大師，他的名字叫「童壽」。說他小孩的時候，就有很大智慧，壽命很長的，他的媽媽是三果羅漢，證得三果的。

他媽媽在鳩摩羅什七歲的時候，帶他到廟裡，廟上有一個很大的鉢，他才幾歲小孩，他拿著就扣到腦殼上了，在扣的時候沒有動念，把那拿著就扣上了，扣了他思想了，「我這麼大一點，這個這麼大，我怎麼能扣上的？」這一想就把他壓下去了，心一作念分了心，原來是無念。當別人把他抬出來，他在這裡就開悟了。他悟得什麼？無心的時候什麼事都能作，一起分別心，什麼事都不能作（《法華文句纂要》卷第一）。

我們現在所學的經，多數都依著鳩摩羅什法師翻譯的。因為他的譯本簡潔明了，為什麼呢？意譯。唐代的玄奘大師對這種翻譯有意見，所以親自到印度取經，玄奘法師翻的是依照印度的語言文字，用中國文字把它翻譯，還是保留著倒裝句，翻譯的是真實的。不過讀玄奘法師翻譯的人很少，講解鳩摩羅什法師翻譯的很多。因為中國人怕麻煩，鳩摩羅什法師的翻譯，簡潔明了。

釋迦牟尼佛晚年，在靈鷲山王舍城說大乘經典《法華經》。釋迦牟尼佛成道之後說了種種經，一共說了四十年。隨順哪一類的眾生應該聞哪一類的法，佛就如是說哪一類的法，有時候說大、有時候說小，有時候說空、有時候又說有，得看緣。

緣起就是這個涵義。因緣說法得有緣，哪一類眾生應該聞哪一類法，佛就說哪一類的法。先說華嚴，到佛臨要圓寂了，說法華涅槃。說法華才是佛出世的真正根本因緣，「性起」，講「性起」暢佛的本懷，願一切眾生都成佛。授記的法華，給眾生都授記。

法華的要義是讓眾生具足佛的知見，這是眾生本身具足的，但是沒有開。所以《法華經》就是開示悟入佛的知見。開佛知見，示給你佛的知見，讓你修道，入佛的知見，等到經文裡頭就知道了。給很多眾生授記，給大家都授記了。凡是聞到《法華經》、學《法華經》，佛都給授記了。授什麼記呢？當來一定能成佛。當來的時間是長啊？是短哪？那就沒有說了，那就看你個人的修行。

所以說二乘人，乃至舍利弗、目犍連、迦葉尊者，在《華嚴經》時候，他們還沒有出家。等到講《法華經》的時候，他們都成佛了。所以說《華嚴經》時沒有二乘人，佛剛成佛，專給過去那些大菩薩說的。《法華經》不同了，佛說法四十多年了，這些阿羅漢都可轉小成大，佛才說的《法華經》。法華跟華嚴絕對不同點，《法華經》這部經就是讓一切眾生開示悟入佛見，說一切眾生都可以成佛。法華最主要的要義，說一切眾生都能成佛，地獄、畜生、餓鬼道、畜生道都能成佛。但是什麼時候成佛？什麼時候能轉變？時間就不定了。

在說法華的時候，佛令他所有的弟子都入法華境界，皆共成佛道。「若人入於塔廟中，單合掌小低頭，皆已成佛道。」佛從發心到出家，可不都是釋迦牟尼佛。釋迦牟尼佛是化身，眾生看到在印度降生迦毗羅國淨飯王家作太子，這是這段的示現。佛是早已成佛的，那是毗盧遮那，這是示現的釋迦牟尼佛。同時以示現的化身佛，化一切眾生從凡入聖，從凡夫地進入聖人地。經上說的，五百億那些世界化為微塵，一微塵一劫，釋迦牟尼佛在這個之前就成道了，化導眾生示現，在印度迦毗羅國示現成佛。

《法華經》最後說的是真實的一乘法，真實是什麼呢？一切眾生都能成佛。這是天臺宗，講法華得依著天臺宗。智者大師依著《法華經》來立天臺宗的藏、通、別、圓四教義，說五時八教。

《法華經》主要是講空、無相。空是講空性，無相是般若。這個空是般若義空。這個涵義跟《法華經》、《涅槃經》是一個涵義。宣揚怎麼樣利益世間？怎麼讓眾生能夠成道？同時也說密教，兼說陀羅尼法。

以大乘的思想佛說法，到這個時候將要入涅槃的時候，把一切的法會歸大乘。以前所說的小乘、中乘、大乘，那個大乘不是最後這個大乘，那是方便道，也就是三乘方便。這是說《法華經》道理的宗旨。為什麼要說《法華經》？就是這個道理。

佛在印度靈鷲山說，什麼時候傳到中國來？傳到中國來得翻譯成漢語。第二個就是傳譯的注釋，有很多的大德給《法華經》寫注解、作解釋，使後人能夠學習、能夠進入。《法華經》的經本，或者是印度的梵文，或者是西藏的藏文，或者是中國的漢文，一共有十七種。漢譯《妙法蓮華經》，漢譯不是專指漢朝，而是指大漢，有別於西藏，有別於日本。

《法華經》傳譯的版本

現在存世的漢譯版本，僅有三種。晉朝早期的竺法護尊者，從印度來中國的僧侶都稱為尊者，竺法護尊者是在公元二百八十六年譯的，譯的經名為《正法華經》，一共十卷二十七品。鳩摩羅什法師的譯本，公元四百零六年，在長安逍遙園譯的，長安就是現在的西安。那就叫《妙法蓮華經》，七卷二十八品。到了隋朝的時候，闍那崛(掘)多和達摩笈多，他們在西元六百零一年譯出的是《添品妙法蓮華經》，有的說七卷，或者分成八卷，也是二十七品。

我們現在所受持學習的，是依鳩摩羅什法師翻譯的七卷二十八品。不過，《妙法蓮華經》翻的最好的是鳩摩羅什法師的譯本，流傳的非常廣，所以一般學習《法華經》都依著鳩摩羅什法師譯本學習。

《法華經》的注疏

同時，我們的漢譯本傳到朝鮮、傳到日本，日本的日蓮宗以《妙法蓮華經》為主的。到了晚近期間，《法華經》又翻成法文、翻成英文，現在歐洲也有了。最早的注疏是在印度的時候，世親菩薩給《妙法蓮華經》作過注解，注有很少，只有兩卷。鳩摩羅什法師翻譯以後，注解就多了，一代一代作注解的大概有二百多部。南朝的宋國竺道生法師，他注的〈法華經疏〉有二卷。光宅寺法雲法師注的有兩卷，那叫〈法華經義記〉，有八卷。

智顗法師的〈法華三大部〉就是智者大師，他注法華三大部〈法華玄義〉、〈法華文句〉、〈摩訶止觀〉。我們現在所依據的，一般的都是依著〈法華文句〉來解釋，其他分科我們就不再講了。以下先講講二十八品經文的大意。

二十八品大意

第一品是〈序品〉（或作〈敍品〉），敍述佛在靈鷲山的時候，先說《無量義經》。說完《無量義經》，佛就入了三昧。在三昧當中，顯現種種瑞相，顯瑞相的目的，表示佛要説《法華經》的緣起。

第二品〈方便品〉，〈方便品〉是佛從三昧起，告訴舍利弗説：「唯佛與佛，乃能究盡諸法實相。」不被一切諸法的相所迷惑，才能夠達到諸法的究竟實相。佛説完，就沒有再説。那麼舍利弗因佛説諸法實相的涵義，舍利弗就請佛説，開示佛的知見。

第三品〈譬喻品〉，舍利弗第一次請，佛沒有允許，舍利弗又第二次請，又第三次請。經過舍利弗的三請之後，佛才説明「開示悟入，佛之知見」。怎麼樣開佛的知見？怎麼樣示佛的知見？把一切的有緣者都能悟入佛之知見。同時佛又跟舍利弗説：「佛法唯是一乘。」説二乘、三乘都是方便善巧，不是真實的，説二説三都不是究竟的，也不是真實的。就是一法，真實實義，在第三品〈譬喻品〉是這樣講的。

第四品〈信解品〉，〈信解品〉的當機眾是須菩提，摩訶迦葉聞佛所説的法生大歡喜。佛以長者窮子作譬喻，等他領會了佛的涵義，生起信解，才能夠深信理解，這是〈信解品〉的大意。

第五品〈藥草喻品〉，佛說的三草二木，三草呢？小草、中草、大草，拿這個作比喻。二木呢？小樹、大樹；拿這個顯示眾生的根機，有大有小、有厚有薄，這是根機不同的。那麼佛就隨著眾生的根機，他能夠領受什麼樣的法，就給他說什麼樣的法。這就是應機說法，是〈藥草喻品〉所說的大意。

第六品〈授記品〉，佛給摩訶迦葉、舍利弗、須菩提、迦旃延、大目犍連授記，授記就是說他們將來一定能成佛，這就是〈授記品〉。

第七品〈化城喻品〉，佛說往昔大通智勝如來，他有十六個兒子，也就是十六位王子；同時與在會的大眾說這個化城！化城就不是究竟的，顯示說的小法，這叫方便法門。漸令入佛道，以後才能漸漸領悟佛的智慧。

第八品〈五百弟子授記品〉，那就是富樓那、憍陳如五百位大阿羅漢，佛也給他們授記將來成佛。

第九品〈授學無學人記品〉，有學位是沒證得阿羅漢果的，無學位是證得阿羅漢果的，都給他們授記。這些人以阿難為代表。阿難、羅睺羅、有學無學的大眾，二千人，佛都給他們授記了，未來成佛。

第十品是〈法師品〉，專指著解說《法華經》的法師，當機眾是對藥王菩薩說的。凡是聞《法華經》的，乃至聽人家講解，他讚歎隨喜。或者把《法華經》的經文給人家解說，凡是有種種功德的，都是〈法師品〉所說。

第十一品〈見寶塔品〉，過去古佛多寶佛，從地涌出。佛在說《法華經》時從地裡涌出，讚歎釋迦牟尼，演說《法華經》。

第十二品〈提婆達多品〉，提婆達多，大家都知道，他是身陷地獄，破出佛身血。但是《法華經》〈提婆達多品〉，佛也給他授記，授記他當來成佛。同時文殊師利菩薩在龍宮，宣揚《法華經》，龍女獻珠成佛，她把龍珠獻給佛，當時就成佛了。龍女即身成佛，這是第十二品。

第十三品〈勸持品〉（或作〈持品〉），藥王菩薩、大樂說菩薩跟一切大眾，跟已授記的這些阿羅漢、有學無學，廣演說《法華經》。摩訶波闍波提以及耶輸陀羅等女眾，全部得授記成佛。

第十四品〈安樂行品〉，佛告訴文殊師利菩薩《法華經》的安住四法。哪四法呢？身安樂、口安樂、意安樂、誓願安樂。身業安樂，說身離一切權貴，一切世事，這有十種事。口業安樂，說輕慢、讚歎、毀呰等法。意業安樂，離嫉妒，離諂曲，無有過失，修養自心。這就是身、口、意三業。還有誓願安樂，為什麼經常說發願呢？因為願跟身口意同行的，發願令一切人，一切眾生都能夠入於法華三昧，都能夠聞到《法華經》，修習《法華經》，修攝自己，這叫「四安樂行」。

第十五品〈從地涌出品〉，諸多菩薩、菩薩眷屬，從地顯現，向多寶佛塔，向釋迦牟尼佛禮拜。會中突然間出現這麼多大菩薩，佛就跟彌勒菩薩說，這些菩薩眾都是佛在往昔，於娑婆世界所化度、發菩提心、行菩薩道的菩薩。

第十六品〈如來壽量品〉，佛因彌勒菩薩的請求，說久遠劫前，佛早已成佛。這個久遠哪，沒有時間性的，不是千百萬億了，而是無量劫前，佛早就成佛了。釋迦牟尼佛跟彌勒菩薩成佛不是現在才成佛的，在久遠久遠劫前已經成佛，壽命是無盡的、無量的。為了教化眾生，示現涅槃，示現出生，示現八相成道，那就把釋迦牟尼佛看成了八十歲，如果這樣來看壽命，那是錯誤的。《法華經》上說，佛的壽量是無盡，無量無量劫前早已成佛了。

第十七品〈分別功德品〉，說當時與會大眾聞法受益，不論任何人，聞到《法華經》，他所得到的好處無量；或者「後世」的功德無量，我們的「現在」就是經文中的「後世」，凡是授持讀誦《法華經》的、書寫《法華經》的、講說《法華經》的，功德無量。

第十八品〈隨喜功德品〉，佛告彌勒菩薩說，聽授《法華經》種種功德，讚歎隨喜，隨喜的功德都無量。

第十九品〈法師功德品〉，這是佛對常精進菩薩說的。凡是能夠受持、讀誦、解說，受持、讀誦、解說，這些法師功德無量，並不是說一定要給人家講解，只要你能念《法華經》，你也是法師。常時念，這叫受持；偶爾念，也算是讀誦《法華經》的。受持、解說、讀誦的功德無量，這是佛對常精進菩薩說的。

第二十品〈常不輕菩薩品〉，常不輕菩薩的故事，是佛對得大勢（大勢至）菩薩說的。常不輕的意思是常被人家輕慢，他被人家輕慢的時候，他能忍受，這是修忍辱般若波羅蜜修成就的。

第二十一品〈如來神力品〉，佛於大眾之前，現起的神力跟著大眾說，如來滅後，說我不在世間了，寂滅已，入了涅槃之後，凡有對於《法華經》受持、讀誦、解說、書寫，或者如說修行，以如來神力加持《法華經》住世。

第二十二品〈囑累品〉，佛以右手摩大眾頂。凡是當時在法會的，佛用右手徧摩其頂，沒有一個眾生沒有摩到的。摩頂作什麼呢？囑託他們廣宣《法華經》，使《法華經》長久住世。

第二十三品〈藥王菩薩本事品〉，佛告訴宿王華菩薩，關於藥王菩薩往昔聞法供養日月淨明德佛的本事。同時受持法華藥王本事，藥王菩薩是專受持《法華經》的，說他的功德是命終之後生得安養。我們從《法華經》、《華嚴經》都提到極樂世界，也叫安樂世界。凡是任何佛的世界都叫安樂世界，這是廣泛的說。

第二十四品〈妙音菩薩品〉，佛告華德菩薩說，關於妙音菩薩過去，供養過雲雷音王佛的因果和處處現身，說《法華經》的本事。這一品引證這些過去的菩薩來作證。

第二十五品〈觀世音菩薩普門品〉，這是佛給無盡意菩薩說，解說觀世音菩薩，為什麼叫觀世音？名號的因緣，他的作用，乃至於觀世音菩薩三十二應所有的功德。你誦《法華經》的觀世音菩薩這一品，普門深入，就等於誦《法華經》一部，功德無量。

第二十六〈陀羅尼品〉，藥王菩薩他們都說個咒，護持講說《法華經》者。

第二十七品〈妙莊嚴王本事品〉，佛說妙莊嚴王以往古世，為他的兩個兒子所化現的本事。

第二十八品〈普賢菩薩勸發品〉，普賢菩薩問佛，如來滅後，如何才能夠使《法華經》流傳不斷？佛就告訴普賢菩薩，植眾德本，入正定聚，發救度眾生之心的四法，當得法華。普賢白佛，「凡得此經者，必得守護。」誰要是受持《法華經》，普賢菩薩就守護他。所以《法華經》、《華嚴經》，都是得到普賢菩薩的行願加持。

這是大致把《法華經》的二十八品大意說一遍，沒有講經之前，先玄遠的提一下。

法華三大部

我們平常說〈法華三大部〉，哪三大部？這三部是智者大師說，傳道、學法、行法，有三大部來解釋《法華經》。

〈法華玄義〉只說教相，〈法華文句〉就是注解，隨文解釋。每句話都有的，這是解釋法華的經文。入了《法華經》經文，這叫文句解釋。

〈摩訶止觀〉，說你的心應該有定有慧。依著《法華經》說，經文所教導的，分出來止和觀。止是心之止，觀是心之觀。止是定，觀是慧。說這個教理，

《法華經》的教跟他所顯的道理，就在你一心顯現，這不是修觀，而是修慧，修止是修定。是大定大慧在你一心，這是天臺宗的教義。天臺宗的教義之理，都依法華而定。

法華三大部裡頭的注解相當豐富。〈法華玄義〉有十卷，講五種玄義。〈法華文句〉，解釋《法華經》二十八品的要義，隨文作解釋。〈摩訶止觀〉，有十卷，說你要依著《法華經》修行，怎麼修行？學〈摩訶止觀〉，就叫大止觀。這是天臺三大部。

摩訶止觀

〈摩訶止觀〉是智者大師的禪觀思想，這是實踐的。智者大師對於止觀的分析解釋，有以下幾種。

第一種是「圓頓止觀」，這是智者大師在湖北荊洲玉泉山說的圓頓妙觀。說你初發心想要修行，就觀諸法實相。「法」就是告訴你的方法。這方法都是什麼方法呢？從你六根六塵六識入手，這是事相。他們的實相是什麼，觀他的實相，就觀他那一心的真心。佛在《法華經》上講的，開、示、悟、入佛之知見。那怎麼開？怎麼顯示？怎麼悟？怎麼入？在你修煉當中，開佛知見，佛怎麼開？佛怎麼看問題，我也怎麼學著怎麼看，那就開佛知見了，隨文入觀。開佛知見了，就得到無生法忍。這叫「摩訶止觀」，大止觀，開佛知見。證得了就是入，悟入了佛的知見。但是開佛知見，必須得證得無生法忍。這個止觀叫「圓頓止觀」。開佛知見，證得無生法忍，如果這種智慧達不到，還有漸次止觀。

第二種是「漸次止觀」。「漸次止觀」是智者大師在南京柏楓寺說的，「圓頓止觀」是智者大師在荊洲玉泉山說的。「漸次止觀」說你先受了三歸五戒，漸漸從淺入深。由凡夫達到聖人，那次第修學吧。不是光受了三歸就完了，還要觀念三歸。這是初步。這是禪波羅蜜的次第法門。「漸次止觀」，從你受三歸起。這是修禪定、修觀的修行功夫。這是六度的禪波羅蜜，禪的次第法門。

第三種是「不定止觀」。說隨各人的根性不同，修習的時候，也不局限修哪一定。前頭跟後頭的互相攝入，能大能小的。這就開始修〈六妙門〉。〈六妙門〉單有一部書。這種是妙，說妙說是你修行的時候，入到妙境，這個有時候就叫〈童蒙止觀〉，剛開始發蒙，修止觀的方法。

智者大師，他哥哥比他出家還早，但修行的方法不行。他哥哥入定入不了，智者大師就給他哥哥說小止觀。他哥哥叫陳鍼，依著小止觀的修行方法，對於身心健康很有效果的。〈六妙門〉是〈摩訶止觀〉一個大概的要領。這是下手的功夫，也就是數息的下手功夫。這是天臺宗最初學佛修定的法門。

五重玄義

不論天臺、賢首，沒有講經之前，都會講玄義。一般的說，天臺有五重玄義。第一個「釋名」，先說這部經的名字。名必具體。第二「辨體」，辨別他實體。第三「明宗」，說這部經他的宗旨是什麼？第四「論用」，顯他的用處，用就是修行成道，用於成佛。第五「判教」，賢首教相為五教教相，小始終頓圓；

天臺教相為四教教相，藏通別圓。

《法華經》的五重玄義，先大概解釋一下。

第一，釋名。《法華經》這部經的名字，《妙法蓮華經》經題是什麼意思？法是法，法華就指著法說的。妙法，妙法是指著法說的。法就是妙法。喻呢？比喻蓮華，拿蓮華作妙法的比喻。此經講十界、十如，這裡頭有權有實。權是方便善巧，實是顯示佛的究竟本性，顯佛體。這權實之法，都是想像不到的、意念不到的，就叫妙，妙不可思議。法，不能契入，假譬喻來契入。妙法，有的是權巧方便，有的是實義。

蓮華跟別的花不同，開華的時候就結果。蓮蓬啊，華開就結果，花果同時。《妙法蓮華經》也如是。這部經的題目是以什麼為名？以法和喻，以妙法蓮華譬喻，這叫《妙法蓮華經》，法喻為名。

第二，辨體。什麼是他的體？實相。實相為體。經講實相，講中道。就自己體性，佛性。這部經的名字就是以法為喻，以喻顯法。法喻就是《法華經》的名字。妙法蓮華，妙法是法，蓮華是喻。中道實相就是《法華經》的妙體。實相為體，實相是無相的。我們說的佛性是性起的。為什麼要講「緣起性空」？這個體是以性空為體。性空又名實相，又名真如，亦名一真法界。在《華嚴經》叫法界，也就是實相。《法華經》所講的因果，不是一般的因果，不是世間相說的因果，一乘因果。佛因成就佛果，一乘就是實相。

第三，明宗。宗是主要的涵義，修實相之行，修行，這叫因。證得實相的理就叫果。一乘因果，是《法華經》的宗旨。

第四，論用。用是什麼？讓你生信斷疑。生什麼信？信我能成佛，人人都可以成佛，不要懷疑。學完《法華經》，就得佛授記。這就是《法華經》的利用。以大乘一乘的妙法，開示一切眾生，在「跡門」跟「本門」，「跡門」叫你斷了懷疑，不要懷疑，我能成佛。這叫實悟信心。生起實信，信實相。「本門」，是斷近的懷疑，生起遠的信仰，發菩提心行菩薩道。在《華嚴經》就是十信門，斷疑生信，就是《法華經》的用。讓一切聞到《法華經》的人，不再生懷疑，相信自己一定能成佛。

第五，判教。五重玄義有無上的教理，教相。印度說法都用牛奶作比喻，醍醐是牛奶的上味，就是醍醐為教相。乳啊，酪啊，牛奶啊，以奶字為意。說《法華經》是純原獨妙，或者叫極妙。比喻佛四十年所說的法，是偏小之教，不是獨顯的大乘，這個教叫醍醐上味。也不是牛奶，也不是生酪，也不是熟酪，叫醍醐。

解釋《法華經》的名字有時候略，有時候簡。就我們此部經《妙法蓮華經》，「妙法」就是法，「蓮華」是比喻，就是法喻為題。「經」是通稱。凡是佛所說法的都叫經。經是常義、不變義、貫串(穿)義，那涵義就很多了。

五、釋經名

現在我們單講此經的經名，「妙法蓮華」。

先講「妙」，一般講妙，有通妙和別妙兩部分，一切法都妙，但是《妙法蓮華經》的妙不同。一般普通解釋的妙，相待的，有相對的，有絕待的。《法華經》的妙是絕待的，不是相對的。一般的妙是相對的，相對的妙，妙跟權。絕對的，沒有權，光是獨妙。在一般的教義裡頭，絕待的妙沒有什麼方便善巧。相對的妙，就是假設方便善巧來顯的妙。絕對妙不假方便，直暢如來的本懷。這叫絕對的妙。《法華經》就是絕對的妙。

十種妙

這個解釋就很多了，共有十種妙。第一個妙是「境妙」。境界就是外相、境界相，「境妙」。「智妙」，智慧不可思議。這個我們恐怕有些人都懂，但是智慧是什麼樣子？舉不出例子也拿不出，說這個人智慧大，那個人智慧沒有。怎麼樣來辨別？知的多，什麼都瞭解。那智慧就大，什麼也不瞭解，沒得智慧。

修行也妙。「境妙」「智妙」，境對智了。修行，修個止觀，妙在什麼地方？自己要想一想。

「位妙」，初地跟二地，二地就妙，初地不妙。三地四地，四地就妙，三地就不妙。後後勝於前前，越往後越妙。功夫在修行的時候，就「行妙」。「位妙」、「三法妙」、「感應妙」，你有感應，他沒有感應。感的時候跟菩薩在應的時候，這也不可思議。「神通妙」、「說法妙」、「眷屬妙」、「利益妙」，都加個妙，以下我們一個一個講。

第一個妙是「境妙」，什麼叫「境妙」呢？就是把佛教所有觀理，一真法界，妙明真心，真如，這都是境。真理之境，很微妙。你說十二因緣法，十二個都叫妙。苦集滅道四諦法，也都叫妙。三諦，空假中三諦；二諦，真俗二諦；一諦，在一諦的範圍內，什麼諦都具足。乃至於到無諦，究竟了。這十個境界相都叫妙。

第二個妙叫「智妙」。說修行的人，他能契合各種的真理。只要思想運用的時候，隨他智慧的大小，對境生心而起的妙用。念一句阿彌陀佛也是修行，這個行，妙。為什麼呢？他念的阿彌陀佛跟你念的阿彌陀佛不一樣。修行的用功的功力不一樣，看你智慧大小。

第三個妙是「行妙」，有的人念佛，佛即是心，心即是佛。阿彌陀佛就是自己，自己念自己。這叫妙。你念那是阿彌陀佛極樂世界佛，想到佛，在佛的方面是妙。這叫智慧的不同。說你懷各種的智慧，實踐的去用功，或者是修定，或者是學法，智慧跟境兩個結合在一起，那妙了。特別是修密宗，要觀想，智與境，密切的相關。

智慧是顯理的、觀想理的。如果智慧很妙，那得靠境界來顯，境界來顯你智慧的妙，以能知觀於所知。關於智妙，在這個藏教裡頭講「七智」。藏教來講智慧講七智。世智，世間的世智辯聰，這世智。五停心、四念處，這個是智慧。四善根指的是善根智。四果智，初果二果所生的智慧。辟支佛智，菩薩六度智，體法聲聞智。這分為四組，這一組是七智的。

通教的，大乘了，通大通小。說通，通大乘。這個講五智。這智，體法知佛智，體法菩薩入真實方便智，體法菩薩出般若智。

別教十信智，三十心智。別教的四智，十地智、三十地智、藏佛智、通教佛智，這是別教佛智。圓教四智，圓教五品位、弟子智、六根清淨智、等覺菩薩智、妙覺菩薩智，叫智妙。

「行妙」，包括佛教所有的修行，也就是實踐的種類。智者大師分別論述這四教，藏通別圓，修行的方法不同，定義跟內容也就不同了。但是重點在別教跟圓教的五種修法，說聖行、梵行、天行、嬰兒行、病行。

聖行呢？我們修的戒律，成聖的聖行，凡是我們所講的戒律法都叫聖行，那就指的止觀方法，各各不同。禪定修法共同，是定的聖行。從三歸五戒到八戒，到比丘、比丘尼戒，那是戒的聖行，各種淨律修行。戒的修行就是持戒不犯，不犯就是修行。

那定的修行呢？各種觀法，修觀，習禪定的就叫定行。慧的聖行，修智慧、讀誦、解說。讀誦解說，頌詞都叫聖智慧的。生滅四諦，無生無滅的四諦，無量無作的四諦，這叫四聖諦慧。這是慧力的不同。

別教菩薩的慧，那不同了。可能獲得二十五種三昧，破三界二十五有。破了有我性，變成佛性，把我性破了，變成佛性。清淨梵行，我們讀〈梵行品〉就知道了，慈悲喜捨，福德莊嚴。

天行，說菩薩發真意，發起自己的本有真性，這叫天行。本有真性，天性。天是自然意，本有的體性，真性是本具的。感你修習得來的智慧，因修習、因佛經，學佛道而得聽智慧，這個智慧又不同。

病行，凡是行貪瞋癡的利益眾生，這叫病行。或者行逆行的，逆行是怎麼行的呢？破戒，那是病行。總的說來，「眾生病故我病」。菩薩道是這樣講的，無緣大悲，無緣大慈。因為眾生病故我病。在《維摩詰經》上說，什麼叫病啊？「眾生病故我病」。你下地獄，下地獄度眾生，那都叫病行，跟眾生處的一樣的行為。本來他沒得病，因為眾生病故，他示現病也病了。這都叫病行。這叫緣五行的菩薩。這就叫一行，什麼行呢？如來一行，其他的都叫方便善巧。

我們所說的戒都不是佛戒，佛也有戒，佛什麼戒呢？寂照，寂者是定，照者是慧。定慧均等。真諦俗諦中諦，這種的三昧，這是佛以慈悲救度九界眾生，得入佛的法界，代表著俗諦三昧。這是佛的戒。

圓天行，圓滿的天行。十法界，寂滅，中道，王三昧，這叫佛的天行，圓天行，就是中道王三昧。

嬰兒行，這是雙照雙泯。九法界的善性是什麼樣子？體現到真諦俗諦中諦三昧。病行，菩薩在九法界度眾生的時候，示現病行。眾生作惡，你要度他，你給他示現病行，這體現俗諦真諦中諦，這是三諦三昧。

第四個妙是「位妙」，佛教修證裡頭，把修行的果位分成三草二木，三草二木，從低到高，次第而上。根據你修行的層次不一樣，那你所得到的果位當然也不一樣。三草二木的小草，小草就是行十善、持五戒、受三歸、欲界四天。無色界的三十三天，持五戒，修十善的位置，就叫小草的位置。什麼是中草呢？二乘，齊賢位、齊聖位、齊辟支佛位。這叫中草。上草，上藥草，三藏菩薩位。釋迦牟尼佛，經歷三大阿僧祇劫所修的位置。初發菩提心，起了慈悲誓願，完了又修六度波羅蜜，觀察四諦法，直至道場，成就阿耨多羅三藐三菩提。這都是佛的上草，以上是三草。

二木，小樹就是小乘中乘大乘，通三乘。聲聞緣覺菩薩法，共有的位置，屬於小樹。大樹，在別教的位置，五十二個菩薩位。大樹，行菩薩道，把十信加上，十信、十住、十行、十回向、十地、等覺、妙覺，這叫大樹，拿樹來形容。

第五個妙是「三法妙」。依著「真性軌」，定慧均等修。修定修慧，就是定慧均等，把定慧修成大乘。這就是諸位之法的妙，三法諸位妙。說三法成大乘。

「真性軌、觀照軌、資成軌」，真性軌，加上觀照的功夫，修定的功夫，三個合起來謂之妙，也就是法妙。境、智慧、行，修得，關閉對境，一切現相。一切相以智慧觀照境去修行所成之德，叫「三軌」，性德本具的。依真理為境，「真性軌」契入真理，這是「資成軌」。這個叫「資成軌」，也是法妙，解釋法妙的。修行成了這個果位。修持法而證得的果位，就是性德的三軌，這是對佛性來說的。真性歸道是正覺，正因的佛性。眾生本來就具足實相真相，實相的真理，本來具足的。

「觀照軌」，照是慧。觀是定，止觀雙運，觀照啊。這個是了因佛性。說正因佛性，了因佛性。眾生本來具足有的，說證悟了，實得了實相的智慧的能力，了因佛性。

「資成軌」，緣因佛性，是眾生潛在的功德、積累的能力，能使眾生本具的實相真理得到顯現，成就佛果，這叫緣因佛性。

因，本具佛性。緣，促成你的實相顯現。這叫三種軌。這個境界是真理的境界，智慧和實踐組成的。這叫「三法妙」。

第六個妙是「感應妙」。我們都求感應，感應就是諸佛加持力。這種就是聖人和凡夫，聖凡的關係。聖人有神通力，凡夫也有力量，什麼力量？業障力。那佛菩薩的神通力把我們的業障力給你感變，轉變了。這種力量是不同。這叫「感應力」。

諸佛菩薩是感，在眾生是應。「感應道交難思議」，感應道交。但是在佛說無緣大慈，為什麼未成佛果先結人緣？跟佛沒緣，沒緣慈悲也要度你。就是這個涵義。

同體大悲，我的性體跟佛的性體是一個。我這個機本來就具足，跟佛同體，能夠感佛來應。當眾生在惡的當中，他能有一念的善生起，佛就以無緣大慈來度他。雖然沒緣，但是生起善念，佛以神通力感召。因為同體大悲，佛就來度你了。佛成佛了之後，要救度眾生。救度眾生得有機、得有緣，應機示現。但是沒有緣，眾生生起的善根，他這個善根的善念，就拿他作為緣，感得佛來應。這叫感應。感應是雙向的，不是單向的。我們求，佛來應，這是雙向感應，但是這種感應是微妙的。

第七個妙是「神通妙」，神通妙是不可思議的，化他有情的境界相。佛，或者是大菩薩，運用他的神通，以他的身或以他的口輪說法。或者以他的意念能夠幫助眾生摧伏你的惑業，加深你的修行力量。這力就是佛的感化、教化的功用。現在我們都在求佛的神通妙，求感應當中。

第八個妙是「說法妙」。佛說的「十二部經典」（分教），這十二部經典是佛說的「方廣」，「未曾有」等。那十二部，不是指經書十二部。這總括了一切的佛法，佛說的法是對治四種緣。什麼緣呢？下根、中根、上根、上上根，你是什麼根器，跟你說什麼樣法，給你說十二部，或者「方廣」、「未曾有」，就說這些法。藏、通、別、圓，四種不同的緣，說的法也不同，說的法是妙法，喚醒眾生，讓眾生能夠學習，能夠悟入佛道。

第九個妙是「眷屬妙」，所有娑婆世界的眾生都是釋迦牟尼佛的眷屬，佛如是說。這個就妙了。娑婆世界眾生都因釋迦牟尼佛的說法而能領受道義，因受道而能成就佛的眷屬。現在我們都是佛的眷屬，受了三歸的都是佛的眷屬。

但是有近因、有遠因。我們算是近因的眷屬。還有娑婆世界眾生都是佛的眷屬，是理性的。還有業生的，現在我們一天造業，造什麼業呢？淨業。念佛，乃至上殿過堂，這一切的行為，我們在修佛的聖業，這是業生的眷屬。願生的眷屬，大家都發心想成佛，發這個願，現在我們有很多人是阿彌陀佛的眷屬，在娑婆世界發心，要生極樂世界去。那你念念這樣想，你就是阿彌陀佛眷屬。

還有神通眷屬、感應力的應生眷屬，共有這五類眷屬。妙是不可思議的。用語言表達不出來，用語言也說不清楚。那是眷屬的微妙。

第十個妙是「功德利益妙」。總結起來，釋迦牟尼佛所說的法教化眾生成就的，怎麼成就的？釋迦牟尼佛教法，我們學釋迦牟尼佛教法。我們不就是他的眷屬嗎？這就是成就的眷屬。我們就感佛恩，感佛恩報佛恩，沾到佛的雨露，雨露滋潤，所以成為釋迦牟尼佛的眷屬，能受很多的利益，把三界二十五有轉變了，不受三界二十五有，作佛的眷屬。但是我們因花開放，成就果德。

三昧的真諦俗諦中諦，三諦加持力，就是中草益。俗諦三昧五同益，上草益，神通眷屬。真諦三昧起法益，小樹，小樹的利益。俗諦利益感六通、諸佛菩薩六通，是大樹益。中道三昧，應眾生的利益。這是「跡門十妙」。

「本門十妙」，本具有的妙，「本因妙」、「本果妙」、「本國土妙」、

「本感應妙」、「本神通妙」、「本說法妙」、「本眷屬妙」、「本涅槃妙」、「本壽量妙」、「本利益妙」。

為什麼要講這麼多？現在佛學院、在外面講經，諸位法師把分科判教懸談都取消了，以往我講經的時候也把它取消了。可是為什麼現在要說一說呢？這也是大家的感。我心裡生起一種變化，認為這個很好懂，知道一下子、瞭解一下，對我們還是有好處的，所以懸談一下。懸談是沒有講經之前，說些大概的意思。有的法師認為懸談是廢話，跟經毫不相干。其實懸談都是經上的義理，本來就是一事，互相關連的。不管大家的感覺如何，我還是跟大家懸談一下。

《法華經》之體

上來所講的《妙法蓮華經》是講名，名必詮實體。《妙法蓮華經》的體是什麼？是以實相為體。《華嚴經》是以法界為體，《法華經》以一實相應為體，不是假相，而是實際中道義。實相的體是什麼形相？實相的體是空。《法華經》

也以空為體，空中具足假，具足中道。空即是假，也即是中道。三為一體，空、假、中三相圓融，三個是三個嗎？即是一個嗎？不是一個。如果不是一個，那就是空、假、中三個？也不是三個。三即是一，三個就是一體實相的意思。一體而分空、假、中三觀，但是實相體，只是一法。這一法所包含的道理，義理，說他的實體功用，功用不同。空中顯有，這個有不是真有，而是妙有。

但是這個妙有，所有的相是真善美的，是實際的。實際的是畢竟空義，有時候說涅槃，有時候說如如，佛性是空的，如來藏心是實的，在這個非有非無之中，顯的是第一義諦。微妙不可思議的種種名相，這些是佛隨緣而說一切法的結果。因此，說實相義是依著圓教義而說的。實相不僅是《法華經》之體，也是一切經之體。因為它包括一切法的真實相。世間的一切生活，乃至一切世間法。世間法不違背實相，實相也不違背世間法，一切世間相也不離開實相來作體。因此而總說一切諸法，粗法、妙法、大法、小法，所有圓融而無礙，這就叫妙法。這就是《法華經》之體。

《法華經》的妙用

宗旨是什麼？明宗，辨明顯體名宗。體與宗，不可分的，體即含著宗旨，宗旨即是體。讓人人都證得實相，返本還源，這就是他的宗旨。但是智者大師把體跟宗分開來作解釋的。要支撐一個房子靠柱頭，沒有柱頭，沒有大樑，這間屋子空不起來了。有樑才能顯空，空是因有樑柱而顯空。《法華經》也如是。以理，以法性的理體，讓人人都去證得這個理體。空必有作用，怎麼樣達到空理，空能顯作用。就這樣想，屋子能顯出樑，顯出柱頭。因為《法華經》的宗旨，是讓一切眾生都能契合於此理。什麼理呢？實相。

其次，明宗就是論他的用，《法華經》的妙用是什麼？那你要觀察一下，《妙法蓮華經》的目的是讓一切眾生成佛。佛是果，在這個法的當中，讓一切眾生都能證果。這就是用。《法華經》的用，讓一切眾生都能夠翻迷成悟，讓一切眾生都成佛，這就是《法華經》的用處。

但是得從根本起。什麼是根本呢？跟《華嚴經》一樣，得建立信心，斷疑生信。說你都能成佛，你不信啊，不信沒有了，因為你懷疑，懷疑怎麼成得到。當你一學《法華經》的時候，你給自己定個標準，我學《法華經》的目的是為了成佛，那就是用。用此經的教義，達到斷惑、證得實相的真理，這就是《妙法蓮華經》的用。

《法華經》的教相

釋名、辨體、明宗、論用、判教，以下開始講《法華經》的教相。四教：藏、通、別、圓，屬於哪一教教相啊？告訴我們了，這是圓教的。之後的頓漸秘密這三類當中，都是依教而起的，依著《法華經》的言教，使我們生起信心。這裡頭有漸有頓，《法華經》之前頭，諸經論都叫漸教。唯《法華經》是頓教。約人來說，得能信，信而能成。約人來說，哪類根機的人才是此圓教教相所攝的。這是明宗、顯體、判教。

五時八教

這是智者大師把佛教的經論，凡是佛所說的教法，加以分類解釋。最初一開始是序分。序分就顯理了，就是正宗分。三分，序分、正宗分、流通分，讓一切眾生都能明了，這個中間就分五時，分五個時間說的法。說的法，有教、有義，那叫五時八教。八教又分為化法四教、化儀四教。

五時是怎麼分呢？最初是華嚴時，第二是鹿野苑時，第三是方等時，第四是般若時，第五是法華涅槃時，這叫五時。天臺宗講的四教四儀，化法四教，化儀四教，就是八教。藏、通、別、圓，這是化法四教，依眾生的根機來分教的、各各的時期不同。

智者大師把佛所說的教判定五時，五時所說的法，第一時說的華嚴時，這個我們講完了。佛成道了三七天開始說法，是三七日。從三七日說華嚴。同時智者大師再用譬喻說明，就像太陽剛出來，照的是高山。當時說教的內容，說的是圓教。但是圓教當中，兼說有別教義。哪些當機眾呢？說法的對象都是大菩薩。我們講《華嚴經》的時候，沒有阿羅漢，沒有二乘，沒有其他的眾生，都是大菩薩，專給大菩薩說的，那都是圓教成就的，都是研究生了。從佛教化的涵義當中，佛在這段說法的時候，說《華嚴經》的時候，全是自證。專說自證的境界，說的是佛的智慧，合乎當時那一類眾生的根機。

從說教的順序來說，最初說的是根本法。這是第一個時期。第二個時期，佛到鹿野苑度五比丘，鹿野苑是古來國王養鹿的處所。因為憍陳如五比丘，他們是跟佛一同從宮裡出家修道的人。後來因為看佛接受牧羊女的供養，他們認為佛退了道心，不修苦行，就跟佛分開，自己到鹿野苑去修道。

佛在菩提場成道之後，說的華嚴會，這五比丘不聞不知，他們不知道的。佛在華嚴會結束之後，觀機的時候，就到了鹿野苑給五比丘說《阿含經》，開始說第二時，叫鹿苑時期。鹿苑時說《阿含經》，四諦，苦集滅道四諦法，叫四聖諦，因為佛最初說法是在鹿野苑。菩提場，那是秘密境界，《華嚴經》是在人間，但不是人間境界。

《華嚴經》的菩提道場。我在一九四零年到西藏時，先到印度，又到菩提場。我是迷，不是悟。我還把它當成世間相去找《華嚴經》境相，普光明殿離菩提場沒有好遠，到了菩提場，菩提樹還在，金剛座還在，其他的什麼都沒有，想找華嚴境界，一點也沒有。《華嚴經》所說的境界，在人間不是人間。在以前注解經上講的普光明殿，離菩提場是八華里，尼連河旁邊，那你去找去吧！哪有普光明殿？那是理上，不是事。從菩提場到鹿野苑大概一天的路程，古來國王養鹿的地方，佛到這個地方說第二個時期。給他們說的是《阿含經〉，都說的小乘法，叫《阿含經》的四諦法。

第三個時期，佛說的方等。在這個時候，這是在鹿野苑說法八年之後了。人間的時間八年之後，這時候開始說《思益經》、《勝鬘經》、《維摩詰經》，大乘初期的經典。這個教法就是藏教、通教、別教、圓教，圓教第一個時期說的。最後又說圓教，現在我們說的《法華經》就是圓教。中間就是藏，藏教就是阿含時期。像《方等經》、《思益經》，這些都是通教。通是通於四教，有藏教義也有別圓義。在第四個時期，就說般若，般若時期是在方等之後，這時候佛說法成道已經二十二年了。最初七日是說《華嚴經》，阿含十二年，方等八年，二十二年般若談。說般若時間最長，大乘般若的涵義，因為它能夠攝大也能攝小。

這是佛說法的次序。但是有時候判分的方式不一樣，智者大師將傳到中國來的佛典，判分為藏通別圓，化法四教；頓漸秘密不定，化儀四教。他把時期分得很清楚，哪個時期說什麼經，哪個時期說什麼經，中間又有差別的。判教是這樣判的，佛在實際說法的時候，有時候有大根機的人，那佛就給他說圓教法。正在說大乘的時候，有的接受不了，那是二乘人，佛有時候也給他們說小教法。我們東土的祖師，大致是這樣分的。

《法華經》跟《涅槃經》說的是一佛乘，佛的一乘法。這跟《華嚴經》說的是同一個涵義。在四教說，法華最圓滿，究竟大乘，華嚴是圓有別，還有菩薩法；《法華經》說的都是佛乘。四教講是這樣說的，這樣判的。華嚴的五教家就不同了。五教之說，唯華嚴最圓最滿，法華是轉小成大的，都是給阿羅漢轉成大菩薩的。其實，佛沒有這個意見，那是後來眾生的知見。

佛所說的法，「如來一音演說法，眾生隨類各得解」。看那根機啊，你聽到什麼法，聞什麼法，我們的智慧沒有，不要去爭哪個圓，哪個不圓了。我們把圓法都學成扁的，不圓了。讀完《華嚴經》，你還是生死裡頭，一天還中煩煩惱惱的。你學完《法華經》，「成佛的法華」，我們講《法華經》講的人不但不是佛，學的人也沒有成佛。

學法的時候，不要產生知見，這是凡夫的偏見。學華嚴的，贊成華嚴，學法華的，贊成法華，學阿含的又贊成阿含，都說是最根本的。這是凡執，不是聖人，聖人沒有這種分別。分科判教的目的是為了什麼？為了你學習能夠進入，不是哪個圓，哪個不圓，端看你自己的根機。圓人受法，無法不圓，四聖諦也講成極圓滿。

四教也好，五教也好，律宗也好，法相宗也好，唯識宗也好，同一個目的，教化眾生斷煩惱。斷了煩惱，就逐漸成聖了。藏、通、別、圓，這是化法四教。還有化儀四教，化儀四教就是形式。法的形式，有一些規則、義理，這是佛教化眾生的內容。頓教，佛最初的時候，把內證之法直接就交給眾生，那就是華嚴所說的「頓超直入、立證菩提」，善財童子是一生成就的。

有些根機不是這樣，以後就叫漸。頓漸是教化的內容，由淺而深，直至涅槃，這就是化儀，化眾生一個儀式的方法。也講阿含、講方等、講般若。從阿含、方等到般若，從小向大，這都叫漸教，漸次而生的。

秘密教，咒語密教，像《法華經》，成佛授記，那也是密。眾生的根機不同，因人施教。明明是說四阿含，但是有的眾生從四阿含他悟得了，那就叫秘密。悟得什麼了？悟得成佛了。般若也有這個涵義，三時說教，這就叫漸。

頓、漸、秘密，還有不定，化法的儀式。不定教是什麼意思呢？這個所說的密教，可不是一般的密宗，密教就是不同根機了，因人施法。有的他聞小乘法，成就大乘道，有的聽到大乘法，他沒有進入，只是了生死去了，類似這類意思，這叫秘密。藏、通、別、圓四教，互相通的，而是秘密的。

還有一個不定，眾生的根機不一樣，同坐一個法會裡頭，有的聽到佛給他講的是圓頓教，有的他聽到是，只是了生死斷煩惱。斷煩惱有淺有深，光是斷的見思煩惱，斷不到根本煩惱，那就小了。能夠一聞到法，就能斷到根本煩惱，斷到無明，那就是大了。大小不在法，在你眾生的根。所以叫不定教。

化法四教，藏、通、別、圓，化儀四教，頓、漸、秘密、不定，這是五時八教。密教與不定教，這兩種有時候合起來，在一個法會當中，同時聽的法，得到的利益不同。同在一座經，同在一座法中，不同的，那叫秘密，這是不定的。這是個人的體會，聞著一句話，他體會的不同。這就叫秘密不定，化的方式而已。

藏、通、別、圓，化法四教。藏教就是小乘教，佛給三乘人，藏教、通教、別教，說的《阿含經》，這個時候只知道空的一面，不知道還有不空，空裡頭含著有不空的一面，他不能全領略，說空啊，他就光領會空，二乘人所說的空，二乘所證得的空，這個空理由分析而得到的，這就是析空觀。析空觀，分析而得到進入空理。大乘根機他一聽到空，當體即空，不假分析，體無一切法，直接悟得體了。這是不空的一面。

圓人受法，說空、說不空、說圓滿，都是隨緣而已。他悟得性起，也就是我們講的緣起性空，悟得性起，就是這個涵義。有的菩薩他一聞到法，立證菩提，像善財童子立證菩提。還有《法華經》的龍女，也是立證菩提。

佛教化眾生的時候，經過三大阿僧祇劫所證悟的法，再加上他的實踐，他所行證的東西，伏惑利一切眾生。這又分藏教、通教！藏教就指著四諦、十二因緣；通教，有聲聞、有緣覺、有菩薩，三乘同是通的，但是這個三乘大乘是初入門。大乘的初門，所以叫通，通大通小。那就觀一切法都是幻化的，幻化空，如化如幻，這樣觀空，不能夠體會當體畢竟空，空即不空，更體會不到。在菩薩上的頓根，頓根的菩薩只知道本具的佛性是畢竟空。但是，對度眾生，隨緣度眾生的時候又不空了。不空是眾生不空，菩薩知道空，從空出有。藏教的菩薩跟二乘人他們證的果都是一樣的。菩薩就能領悟深奧的妙義。深奧妙義是什麼呢？領會到後來的圓頓二教，不是藏通二教。別教是不共的，不與通教、藏教共，叫不共教，不共三乘法，獨為菩薩說。那叫一乘法。

像我們學《華嚴》、學《法華》，叫一乘法。前頭的叫三乘法。在這個時候，菩薩能悟得中道的道理，他對空、假、中三觀，注重於空觀中觀假觀，中觀為主。為什麼？空不離中，假也不離中，以中理為主。

我們講《華嚴經》，初信的菩薩開始之後，到初發心住了，到十回向三賢位，就進入圓教了。雖然是三十位，初位跟第三十位是通的，層次略有差別，這都是取圓教的根機。圓教是不偏的意思，圓滿不偏。即不落於空，但是也不滯於有，叫空有圓融。我們經常講迷和悟，圓教講圓融的，沒有迷、沒有悟。說他的本質，所具的佛性也沒有個悟，也沒有個迷，是約機來說的，約眾生來說的。法沒有區別的，說他真實的理，佛所證得的，所悟得的真實理地，那是顯佛悟得了，佛自證的境界相。感一發之於教，佛把自證相利益眾生的時候，那就區別了。空、假、中，三諦理。佛的自證理，教授眾生的時候，眾生接受不了，《華嚴經》能接受。佛看一下子眾生接受不了，所以才說十二因緣，說四諦，說菩薩乘，說六度，說般若，是這個涵義。圓教的菩薩，他一觀空的時候就知道空、假、中，三觀具足的觀，他一心觀空觀假觀中，三觀同時，所以叫一心三觀。一心具足空觀、假觀、中觀。

這個不是次第的，對菩薩、對二乘人、對大乘說，那叫次第三觀。一心三觀，次第三觀，還有一個圓融三觀。在四教當中講，藏、通、別、圓。藏通二教的，所證得的全是權，不是真實的，是方便的，權實之法不是真實法，非真實法。別教的教義，叫你從權入實，證真實法。圓教的教義單為證真實法，沒有開權顯實，這就是圓教的教義。五時八教，華嚴時，鹿野苑時，方等時，般若時，法華涅槃時。現在我們講《法華經》是圓教，都是圓的，圓什麼呢？圓以上所有的藏通別。藏也是圓，通也圓，別也是圓，因為它們具足的體性是圓的。

所以一切皆圓，沒有什麼二樣，由這個教義顯的次序不同，如是來說。這就是《法華經》五時八教的教，化儀四教，化法四教。這就是《法華經》的大意。《法華經》的大意跟《華嚴經》的大意，兩個不同的。不同點呢？那個是分頓、分漸的。《法華經》是佛把以前所說的都收攏來圓融的，讓你契入。

六、釋譯者

這部經是在什麼時候翻譯的？是誰翻譯的？以下就解釋譯者，翻譯這部經的人。鳩摩羅什法師在東晉的時候，翻譯這部經。因為這部經是佛在印度說的，是梵語。譯經師從梵語譯成華言。

鳩摩羅什法師，在印度是從事僧伽教育的。「鳩摩羅什」是印度話，翻成中國話的華言，叫「童壽」，龜茲國的人，他在印度的五種種族當中，是婆羅門族。他的父親叫鳩摩羅琰，棄了相位出了家，到各地弘法，到了中國新疆，國王不讓他出家，就把妹妹強嫁給他，讓他還俗。鳩摩羅琰沒辦法，就跟國王的妹妹結婚，生了鳩摩羅什。鳩摩羅什的媽媽也不是一般的人，不是凡夫，他媽媽證了三果。他的媽媽同時生了鳩摩羅什、弗沙提婆倆弟兄。鳩摩羅什七歲就跟他母親一起出家。那弟弟更小了，弟弟也出家。他從佛陀舍彌通學習〈阿毗達磨論〉，後來棄捨小乘、偏學大乘法。他學得最進入的是般若。

那個時候，前秦的符堅知道在新疆印度這一帶，鳩摩羅什法師很有名的，是有大智慧者，用現在的話說，在國際上很有名望的。那時候我們中國的高僧，住長安的道安法師，他知道鳩摩羅什法師的學識道力是很高的。道安法師就勸符堅迎接鳩摩羅什法師，請他到中國來弘法。

符堅就派了鷹揚大將軍呂光去請，那時候不是你請就請得來，得通過戰爭，發兵到新疆攻打龜茲國，當然打勝仗了，把羅什法師迎請來。雖說是迎請，其實就是以兵力來強逼人家來的。

他派的這位大將呂光根本就不信佛，他對鳩摩羅什法師一點也不恭敬。他把鳩摩羅什法師當成俘虜，所以他帶鳩摩羅什法師來的時候，拿一般人對待他，強逼鳩摩羅什法師跟龜茲國王的女兒結婚，也常常開他的玩笑。後來，符堅被刺死了，呂光就不附屬于前秦，自己叛變，在梁州自己稱王。他看不起羅什法師，也不信佛教。

後來姚萇在西安稱帝，他知道鳩摩羅什法師是位聖者，因為姚萇是佛教徒，就派人去請。但是那時候呂光跟呂光的兒子呂隆，嫉妒姚萇，不放鳩摩羅什法師到內地來。鳩摩羅什法師在這個地方也沒法弘法，就開始學華言，一直在梁州困守了十七年。等到鳩摩羅什法師年齡已經五十八歲，姚萇之子姚興就派兵以國師之禮把他請到了長安。那時候姚興的國號，叫姚秦弘始三年，羅什法師因姚興之請才到了長安，譯經地點叫逍遙園，就在逍遙園譯經場開始譯經。

所有翻譯經典的譯師當中，玄奘法師、義淨法師、法顯法師是中國的法師，其中玄奘法師的翻譯最多了，但是弘傳最廣的大乘教義，還是以羅什法師翻譯的經典居多。中國的僧人，大多數都是讀誦羅什法師翻譯的佛典。

羅什法師五十八歲開始翻譯經律論，一共譯了三百九十餘卷。但是這裡頭遺漏了四、五部，羅什法師到中國來，在長安的弟子很多，號約三千賢聖，大約有三千人。同時羅什法師年紀大了，這些經翻完了，他感覺身體不大適應，四大不調，知道可能要圓寂。這個時候，他就跟大眾僧告別說：「我自己很愚昧，對於佛的經教譯傳，雖然譯七十餘部，還有《十誦律》、《廣律》沒有譯完，還沒有審定。雖然還想繼續譯，想是想，但是事實不可能了。」

他就念《延壽經》，還請其他的大德幫助共同去念，沒有效果，知道不能延壽了，他就向大眾發願說：「我所譯的經卷，如果沒有錯誤的話，在我圓寂之後火化，讓我的舌根，火燒不爛。」在他圓寂之後焚化，其他的部分都燒爛了，只有舌根儼然不壞，這就證明羅什法師翻譯的經論沒有錯漏。那時候他是在長安圓寂的。這就說明《法華經》的譯者是聖人。我們現在讀誦的這部《法華經》，是鳩摩羅什法師翻譯的。

妙法蓮華經導讀　竟

觀世音菩薩普門品淺釋

觀世音菩薩普門品淺釋

〈觀世音菩薩普門品〉這品經文，大家都很熟悉，經常念誦也經常講解。〈觀世音菩薩普門品〉在《妙法蓮華經》的第二十五品，「普門」就是宣揚《法華經》的涵義。

首先，「觀世音」是形容這位菩薩在人道當中，「普門」則表明這法是普門的。人有多種，法有多種，此處論普門法，表人法合題，所以名為「觀世音普門品」。其次是講慈悲，我們經常講大悲觀世音菩薩，「觀世音」是大悲拔苦，「普門」是大慈與樂，給一切眾生幸福，度一切眾生。

若是講莊嚴，「觀世音」是指智慧莊嚴，「普門」是指福德莊嚴。如果修無量壽法、修「白度母」，「白度母」就是觀世音菩薩的化身，那也是「普門」的涵義。這有不可思議的福德，把不可思議的福德轉成智慧也能得到無量壽，這是「普門」的涵義。

「觀世音」不是報身，而是法身，能夠普遍一切世間的音聲。「普門」是應身，這是另一種解釋。「普門」是指哪一類眾生，觀世音菩薩都能應身。〈普門品〉是所有眾生隨類得應，因為觀世音菩薩有十二大願。「觀世音」又不同了。說世間的眾生所有的悲哀、痛苦、一切的聲音，特別是生病，要祈求觀世音。你一求「觀世音」，觀世音菩薩就應了。

有關「觀世音」、「普門」的解釋太多了，菩薩對世界一切眾生所有求他的，都能應。這個不是聽，而是觀。「觀世音」或者「觀自在」，別把這個名詞只當成菩薩的名詞，他是顯法的。

「觀」是觀照，觀照一切的世間相，沒有一樣是真實的，都是幻化的、假的。假的，你不要貪戀，讓你這樣觀，一切事物都是假的，沒有真實的，你貪戀什麼？假的就是空的，空的是沒有障礙的。因此把自己的煩惱放下，業障就消失了，那就無罣無礙。

「觀世音」又叫「觀自在」，因為他總是這樣修，無罣無礙。為什麼？照見五蘊皆空，任何事情不執著，看任何事情，假的、虛的、不實在的、如幻的、如夢的，這樣觀、這樣認識不就自在了？所以叫「觀自在」。

反過來說，一切眾生都不認識，聽到一切眾生都在喊：「苦！苦！」觀自在菩薩看見世間都在喊苦，就救他們，這就是「觀世音」。「普門」是大慈與樂，應以得度而為說法，給一切眾生做有利益的事，這也是「觀世音」。

又者，「觀世音」是隨自義，「普門」是隨他義，隨一切眾生，眾生有無量的種類，那得要行方便善巧。「觀世音」是照實智，「普門」是照權智。

又者，「觀世音」是不動本際之體，「普門」是跡任方圓之用；觀的時候是圓的，行的時候是方的。為什麼？行的時候，哪一類眾生應以何法得度，就以何法度他，這是如幻隨緣義。

所以「觀」有多種，特別是講四教、講法華的，有「析空觀」、有「體空觀」、有「次第觀」，有「圓滿觀」。

「析空觀」呢？析色入空，分析一切色相是假的，到最後沒有了，因為分析而入空；說觀一切色，因為這些色相你去分析，沒有一個實在的東西，最後是空的。「體空觀」呢？即色是空，當體即空，為什麼？色相沒有，是假的、是空的，這是體空。從「析空觀」到「圓滿觀」，就叫「次第觀」。「圓滿觀」就是觀實相體，析空觀即實相，次第觀即實相，一心三觀即觀實相體。

又者，「觀世音」，世間的音聲是菩薩的行。世間是菩薩修行的處所；音是眾生所有反應出來的痛苦悲哀、求救的聲音。這位菩薩就專觀世間一切眾生的痛苦，生起大悲心，普度一切眾生。

又者，「普門」形容修行的時候，是普遍的，不論哪一門，門門都修，門門都與理合。因為眾生有種種類類、種種行業、種種語言，在菩薩他是普遍深入的。眾生是有感的求；菩薩是沒有分別的應，普門偏應叫〈普門品〉。

有關〈普門品〉的解釋很多，這裡頭有行善巧方便，以觀世音菩薩善巧方便，在娑婆世界，觀世音菩薩的緣最勝，一切眾生都求觀世音。我們看很多的經，最後都讓觀世音菩薩去弘揚。現在我們之所以知道念誦《地藏經》，也是觀世音菩薩弘揚的。《地藏經》第十二品，釋迦牟尼佛囑託觀世音菩薩弘揚地藏法門；弘揚《地藏三經》的，一個是觀世音菩薩、一個是虛空藏菩薩。特別是在娑婆世界當中，觀世音菩薩是不可思議的。

「門」是通達義，都能夠進入，怎麼進入？從假入空，一切都是假的，假的就是沒有真實的，沒有真實就是空的，從假觀入空觀，而後才能進入中道觀，空、假、中三觀。你就證得法報化三身，產生不可思議的用。

「爾時無盡意菩薩。即從座起。偏袒右肩。合掌向佛。而作是言。世尊。觀世音菩薩以何因緣。名觀世音。」

我們讀〈觀世音菩薩普門品〉，好像這品經文跟《法華經》沒有什麼連繫。整部經文至此處，突然間，無盡意菩薩向佛請求，觀世音菩薩為什麼叫「觀世音」？這裡的涵義就深了。

不像人間的名字，觀世音菩薩的名字是以德而來的。觀世音菩薩來娑婆世界、來這個世間度眾生，他是從西方世界來的，是阿彌陀佛的上首弟子。但是從歷史上說，他是過去的正法明如來，久已成佛。

為什麼無盡意菩薩要請法？無盡意的涵義，在大集明八十無盡門（〈法華經文句輔正記〉卷十），是指「大品明空則無盡」，無盡意菩薩的名字是空，空是無盡、沒有形相，無盡意菩薩請佛說，觀世音是什麼原因叫觀世音？

「無盡意」也是這樣，空無盡。在《大般若經》上，無盡意菩薩一切法空無盡；《維摩詰經》也講無盡，非盡非無盡，故名無盡。究竟一切事物有盡哪？沒盡？任何事物有盡沒盡？我們說一個人這一生完了，好像有盡。完了，從生到死，不就盡了嗎？這是短暫的現相。無盡，他又生了，生了又死了，死了又生了，生生死死；生無盡，死無盡，為什麼呢？空的。空沒有個盡，也沒有不盡。什麼叫無盡意菩薩呢？空的，這就叫「無盡意」。如果意念當中是空的、假的，這就是「無盡」。這樣，以無盡意來問觀世音，兩者都是無盡的。

「佛告無盡意菩薩。善男子。若有無量百千萬億眾生。受諸苦惱。聞是觀世音菩薩。一心稱名。觀世音菩薩即時觀其音聲。皆得解脫。」

佛告無盡意菩薩說：「若有無量百千萬億眾生，受諸苦惱」，這個數字太大了。整個娑婆世界都在受苦，無盡無量百千萬億眾生受苦。「聞是觀世音菩薩」名字，你一心念「南無觀世音菩薩」，在苦難當中你想到了，念觀世音菩薩的名字，但是可要一心。念名字都能念，但看你念得是不是一心？

凡是受苦都是惡業，受苦還有善的嗎？無論你受什麼苦，生、老、病、死苦，什麼災難都是苦的，是惡的。但是我們一稱念觀世音菩薩就是善，這是觀世音菩薩隨順眾生的機感。觀世音菩薩隨順眾生的機感，觀世音菩薩沒苦也沒樂，隨你眾生的苦，菩薩來利益你、教化你、度脫你。你一念觀世音菩薩，在你念的時候，觀世音菩薩就來救脫你了，一念觀世音菩薩就得解脫。但是你要一心。

大家對這一品的經文很熟悉，為什麼呢？我們經常念觀世音，至於是不是念得相應？那就不知道了。什麼叫相應呢？一念就離苦得樂，這叫相應。當你一念「南無觀自在菩薩」，或者念「南無觀世音菩薩」，一念觀世音菩薩，你能念的時候，菩薩就應了。口業應，口念觀世音菩薩。但是念觀世音菩薩的時候，心裡要觀想，不只是口念；心裡想觀世音菩薩，觀世音菩薩就應了。心裡想，觀世音菩薩就想到你，你的心裡想觀世音菩薩，觀世音菩薩的意業就應你。

有的時候，一念觀世音菩薩，觀世音菩薩就現身了。要是沒現身，這是身沒有應。當你睡覺的時候，夢見觀世音菩薩來了，但不是化現很明顯的菩薩身；或者現一位老太太，或者現一位女人，或者現一位男人，反正是來救你出離苦難的，那就是菩薩現身。身、口、意三業俱時相應。

假使一聽到觀世音菩薩，心裡也跟著念，一念，苦難消失了，一念，心裡生歡喜心。當你念的時候，觀世音菩薩就隨著你念的聲音，你一作意，觀世音菩薩就知道了。因為觀世音菩薩不用耳根聽，觀世音是用心，你這一作意，觀世音菩薩就知道了，就得到解脫。當你正念的時候，已經得到解脫，那就叫菩薩應了。

無盡意菩薩向佛請問，觀世音菩薩以什麼因緣名為「觀世音」？請問的人是無盡意菩薩，他也是得大解脫的、有所成就的，這是代眾生而請問。什麼是「無盡意」呢？空是無盡意。在《大方等大集經》中說八十無盡門，無盡意是大無盡者，具足空智慧，因為空才無盡，其他的都有盡。是這樣來形容「無盡意」。

又者，「無盡意」表智慧無盡，「盡」者是指智慧說的。為什麼？因為境界無有盡，智是對境說的，所以智慧也就無盡。像我們生活當中對著很多的境界相，以什麼來對待？以空來對待。請問者是要有這樣智慧來問的。因為智對境說，境無盡，智也無礙。智慧跟境契合，智就是性空，境就是緣起。性空隨一切法之緣，性空是無盡的，空無盡的，境亦無盡，這就是空的涵義。

無盡意菩薩來問佛，觀世音菩薩為什麼叫「觀世音」？觀世音菩薩智慧無盡，所以觀一切眾生的境界也無盡。特別是在娑婆世界，「家家觀世音」，家家都信仰觀世音菩薩。這是形容觀世音菩薩的慈悲無量，當機者是無盡意菩薩。無論是約智慧、約境界都是無量的，因為有智慧的人，隨眾生的緣而生起大慈大悲。

佛告無盡意菩薩，「善男子，若有無量百千萬億眾生，受諸苦惱」，佛就給無盡意菩薩解釋，同時有百千萬億眾生受苦。有一個苦無量人受，有無量苦在一人身上受，無量眾生同受一苦；生老病死，一人有病，不見得人人都有病，但是一人受苦都是無量義。

苦的無量義，有兩種解釋。當你受苦的時候，不論任何境界，在你最困難的時候，假使你能夠憶念觀世音菩薩，念觀世音菩薩聖號，你的苦就能解除。苦是惡報，受苦都是惡報；念觀世音菩薩是善，你常念觀世音菩薩就是轉為善，以善來對惡。當你受苦難的時候，你念觀世音菩薩，以善來止惡。善強則惡弱，善強就是你稱觀世音菩薩聖號，一心不亂的稱念。當你被苦所逼迫，你就念的誠懇，念的懇切就得解脫。

你求觀世音菩薩，觀世音菩薩應了，應了就是解脫。求是因，菩薩的應是應你的苦難，這苦難就沒有了。哪地方有苦難，觀世音菩薩就應了，但是得稱觀世音菩薩名號。有苦難而沒稱觀世音菩薩名號，他就應不了，因緣不契合，為什麼呢？觀世音菩薩是大智大慧、大慈大悲，有智慧能斷你的迷惑，苦難都是惑業，以智慧消除你的黑暗，救拔你的困苦。

「若有持是觀世音菩薩名者。設入大火。火不能燒。由是菩薩威神力故。若為大水所漂。稱其名號。即得淺處。」

因此佛對無盡意菩薩說：「若有持是觀世音菩薩名者」，若是有持觀世音菩薩名號，「設入大火，火不能燒，由是菩薩威神力故」。你受火災之難，能夠憶念持誦觀世音菩薩，火難就能解除。為什麼？火難是你的果報，因所感的，特別是下地獄，地獄的火難很多。在苦難當中，你能夠憶念觀世音菩薩，苦難就解除了。

諸位道友想一想，當在苦難當中，我們能不能念觀世音菩薩？還有沒有這個善根？有很多人在受苦的時候，就把菩薩名號忘了。當你睡覺作夢的時候，或者鬼魔你了，或者發生什麼危難了，若一念觀世音菩薩聖號馬上就醒了，但是就是不能念，為什麼？業障來了，使你沒有這個覺悟，光想那個苦，他把觀世音菩薩給忘了。念呢？念就是善根，有些人遇見困難的時候，他不相信觀世音菩薩，相信就靈，不相信就不靈。

火難，有的時候是果報成熟的，有的時候是惡業所感的。還有一個是煩惱，當你煩惱感覺得火，這是煩惱火，煩惱熾盛。若你能念觀世音菩薩，那個煩惱就漸漸消失了。但是正當煩惱的時候，他不念了，被煩惱業障住了，不能念觀世音菩薩。

在《仁王護國般若波羅蜜多經》上講有七種火，都不一樣。「鬼火、龍火」，像打雷，突然間一個霹靂雷所冒的火，被火燒著了。還有「山神火」、

「人火」，人間的火，你看那個演幻術的，口裡能冒火。「樹發火」，山林發火災的時候，樹所發的火。「鬼火」跟「賊火」不一樣，有的是賊所放的火，這七種火都不同。

現在講「煩惱火」，自己的煩惱發火，這不是指害病。害病是發高燒，那也是火，那個火不同。同是一個名詞都叫火，但是火的意義含著很多，有淺有深，特別是自己的無明火。每個人發脾氣、煩惱的時候，火來了。古來經上說，「一念瞋心起，百萬障門開」。一念起瞋恨心，這個火就大了，把善業都燒盡了，百萬障門開，一切障都來了。

假使有眾生遇上火了，念觀世音菩薩，火就消了。若遇見水了，念觀世音菩薩就得救了。若為大水所漂，稱觀世音菩薩名號，就得淺處；若為大火所燒，念觀世音菩薩名號，火就滅了。這些都是建立在你的信心上，相信不相信？你不相信，消不了的。菩薩的大慈大悲是建立在你的信心上，你有沒有這個信心？三寶弟子沒問題，有這個信心。如果不是受三皈的弟子，因為他念的心不至誠，效果就沒有了。心要至誠懇切求觀世音菩薩給你滅火，或者減少水災，你沒有感，菩薩怎麼應呢？感應、感應，就是這個涵義。有的人說不靈，為什麼不靈？沒有誠心，不感所以就不靈。

「若有百千萬億眾生。為求金銀琉璃。硨磲瑪瑙。珊瑚琥珀。真珠等寶。入於大海。假使黑風吹其船舫。飄墮羅剎鬼國。其中若有乃至一人。稱觀世音菩薩名者。是諸人等。皆得解脫羅剎之難。以是因緣。名觀世音。」

「若有百千萬億眾生，為求金銀琉璃，硨磲瑪瑙，珊瑚琥珀，真珠等寶，入於大海」，現在沒有這種說法了，現在改用開礦的方式。在古來的時候，駕船到海裡取寶，因為海裡有山，要到山上去取。

我在印度看海島上的山。他們怎麼樣採寶呢？山上自然生出的礦物，裡頭含著寶石或者珠子，他們或者潛入海裡取珊瑚樹，大家都知道珊瑚樹很多的，要到海裡去取，但是水很深的。有些孤島則是沒有人煙的，自然長出來的。印度的孤島上，有些人去採寶，先養些魚鷹，完了把牛肉或者什麼肉，當船過山的時候，船不能停，就把肉往山上丟，丟完了，再把魚鷹放出去，等魚鷹把肉叼回來，那些寶珠就沾在肉上。這種採礦方法是古來的作法，現在到礦山開挖就有，也能夠登到島上去採了。

取金銀珠寶的時候，有災難了，海裡經常生起海風。假使海風大的時候，你的船就給吹著飄落，船杵桿就折了，非常危險。「飄墮羅刹鬼國」—（「飄」字或有版本作「漂」字），這是佛經說的，攝伏人的現相還沒有，我們沒看見羅刹鬼國。

羅刹鬼國，在印度有這種談論的，我是聽說的。聽說船在海裡採寶的時候，天突然黑暗了，什麼也看不見，船就停下來了，不敢再開了，這就是羅刹鬼難來了。羅刹的力量很大，能把陽光遮住。在有災難的時候，這船上採寶的人，假使有一個人能夠念觀世音菩薩聖號，大家就都得救了。

同時，一念觀世音菩薩，羅刹或者夜叉，以他的神通力，把陽光遮到，變成黑暗的，一念觀世音菩薩，光明復現了。還有刮大風下暴雨，雷電都停歇了。只要一念觀世音菩薩，效果就有這麼大。因為這個因緣，所以叫「觀世音」。

「觀」，菩薩用眼根觀，不是耳根。觀是見，眼見，這是一種觀。觀音菩薩耳根圓通，聞到眾生求救的聲音，世間求救觀世音菩薩的聲音，菩薩觀想一切眾生，那是用心去觀。以這種觀力，佛就示現神通力，把羅刹的災難解除了，這是一種災害。

眾生有這種災害，為火燒的時候，一念觀世音菩薩，火就止息了。被大水漂流的時候，水災，一念觀世音菩薩，從深處就到淺處；或者漂流到岸上，也是解除了。過去有些採寶的商人，為了採取七寶到了海裡，迷失了方向，被羅刹鬼迷住了，一念觀世音菩薩，這些災難就消失了。

「若復有人臨當被害。稱觀世音菩薩名者。彼所執刀杖。尋段段壞。而得解脫。」

「若復有人臨當被害」，被人家殺害，或者遭遇搶劫種種災難；這個時候你能夠念觀世音菩薩，傷害你的仇人，他所執的刀杖都壞了，傷害不到你而得到解脱。解脱就是脱離災難的意思，並不是成道。如果修行人的煩惱很重，或者在打坐，或者在誦經，突然間感覺有障礙，因為這裡還有一種災難，什麼災難呢？鬼神迷。

例如說，你念念經，突然間昏迷，知覺好像停歇了，念經的時候，突然間眼睛發霧，經文都看不見了，這個時候你能念觀世音菩薩聖號，又恢復明了了。或者經文，你突然間全看不見，一念觀世音菩薩聖號就顯現了。凡是遇到這種災難的，無論水火災害，往往把觀世音菩薩名號忘了。既然是叫業障，障你修道的聖念，被那個業障給障住了，不現了。

有的道友跟我這樣講，當他危難的時候，想念觀世音菩薩，可是舌根不靈、念不出來了，人都傻昏了，只能用意念觀想，這叫障。你自己的業，因緣的障礙，想念念不成。感到你平常不準備好，平常不念，到了臨時的時候，效果不太大。如果你每天念一千聲觀世音菩薩，災難不會來也就沒有了。平常時不修，災難來了想念，舌根也不靈，神識也昏昧，念不成了。念不成，就感應不到。「若復有人臨當被害，稱觀世音菩薩名者」，主要的是能夠念，能夠稱名，「彼所執刀杖，尋段段壞」，傷害不到你。

曾經有這麼一件事，別人連打他七槍，他聽見了也看見人家拿槍打他，他的神識昏昧了，但是也沒有打到他。我問他：「你是念觀世音菩薩嗎？」「念不出來了！」他嚇得念不出來了，我說：「那怎麼辦呢？」他說：「我就觀想，觀世音菩薩來了！」念不出來，想觀世音菩薩、觀世音菩薩。心裡想的，雖然沒有死，沒有被打到，也嚇得半死。這是說明觀世音菩薩的威神力量，經上是這樣說。如果你平日沒有用功，到時候用不上了，不靈了。

《法華經》在此處不是指你平日的受持，而是臨時遇害的時候，還能夠念觀世音菩薩，觀世音菩薩能夠感應也能免除災難。所謂解脫的不是說你得道，而是能免除這個災難。

這是讚歎觀世音菩薩慈悲的力量，觀世音菩薩有這個神力，所以叫「觀世音」。另一種，此菩薩平常就觀想一切眾生的苦難，普度一切眾生，「普門」都是通達義。菩薩的大悲心跟眾生是通的，只要眾生一求，菩薩就應了。

「若三千大千國土。滿中夜叉羅剎欲來惱人。聞其稱觀世音菩薩名者。是諸惡鬼尚不能以惡眼視之。況復加害。」

「若三千大千國土」，整個釋迦牟尼佛的佛國土，這裡頭，「滿中夜叉羅剎欲來惱人」，羅剎夜叉要傷害人的時候，聽到念觀世音菩薩名號，那些惡鬼、惡神連看都看不見。惡眼視之，看不見了，看不見那個將要受害的眾生，那就加害不成了。一稱觀世音菩薩，以觀世音菩薩的力量，加害者鬼神的那個神力失掉了，看不見受害者，所以加害不成。

「設復有人。若有罪若無罪。杻械枷鎖檢繫其身。稱觀世音菩薩名者。皆悉斷壞。即得解脫。」

「設復有人，若有罪若無罪」，受官府拘役的時候，不管你有罪沒罪；有罪也好，沒罪也好，反正報應來了，業障現前。我就把你銬起來，帶手銬腳鐐，繫縛你的身，「稱觀世音菩薩名者，皆悉斷壞」，若一稱觀世音名號，那手銬腳鐐就斷壞了，不能再繫縛你了，「即得解脫」。

這一種情況，還得有一點功力。什麼叫功力呢？如果平日沒有念觀世音菩薩，也沒受持觀世音菩薩，或者是你也不信三寶，或者是有罪或者犯法，或者臨時把你誤抓了，給你帶走了，有時候不見得靈。經上所說的這些境界，還要加上你平日的善根。我就遇見很多帶手銬腳鐐的，我給他念，不靈。我自己帶手銬腳鐐，念也不靈，手銬也沒壞，還是銬著。因此心裡有這個問號，佛經上說的靈不靈呀？我用它怎麼不靈？這裡頭的因緣就多了。但是你繼續求，一時不靈，多念就靈了，或者永遠解脫，就靈了。

這裡頭有個問題，什麼問題呢？一個是感的力量，佛經上告訴我們一心，能夠一心當然都靈了，就是達不到一心。在災害來的時候，你就恐怖了，而且煩惱很重。那時候念是不太靈。有的人靈，有的人不靈。為什麼？那就是感的不同，另外是過去宿業的善根力。至於這個報，報的時候，得看具體的事情，但是你不要報怨，繼續求感，或者就應了。

「若三千大千國土。滿中怨賊。有一商主將諸商人。齎持重寶。經過險路。其中一人作是唱言。諸善男子。勿得恐怖。汝等應當一心稱觀世音菩薩名號。是菩薩能以無畏施於眾生。汝等若稱名者。於此怨賊。當得解脫。眾商人聞。俱發聲言。南無觀世音菩薩。稱其名故。即得解脫。」

「若三千大千國土，滿中怨賊」，整個國土全是賊，全是冤家，形容這個世界很亂、不太平。盡是你的冤家，盡是你的仇人，或在這個世界做生意的人，「將諸商人，齎持重寶」，經過很多的險路，那就懷著恐怖感。你經過危險的路，心裡有恐怖。又怕失掉金銀財寶，怕把老命喪掉了，其中有一個人出來唱言，跟大家說，不要恐怖，「諸善男子，勿得恐怖，汝等應當一心稱觀世音菩薩名號」。最難的是一心，如果能夠達到一心稱念觀世音菩薩，觀世音菩薩就來了。布施給你，沒有恐怖感，那就心安了，那是觀世音菩薩把無怖畏施給眾生。這時候大家都念觀世音菩薩聖號，你怨賊的災難就解脫，所以「眾商人聞，俱發聲言」，大家一起念，力量更大了。「南無觀世音菩薩」，一稱名號就解脫了，災難消失了。

「無盡意。觀世音菩薩摩訶薩威神之力。巍巍如是。若有眾生多於淫欲。常念恭敬觀世音菩薩。便得離欲。若多瞋恚。常念恭敬觀世音菩薩。便得離瞋。若多愚癡。常念恭敬觀世音菩薩。便得離癡。」

佛就跟無盡意菩薩說：「你問我，觀世音菩薩的威神力量如何？」就是這樣子。眾生有災難，一稱觀世音，災難皆消失，什麼災難都沒有了。

「若有眾生多於淫欲，常念恭敬觀世音菩薩，便得離欲。若多瞋恚，常念恭敬觀世音菩薩，便得離瞋。若多愚癡，常念恭敬觀世音菩薩，便得離癡。」眾生若求解脫的，很難離開三毒。貪、瞋、癡，貪是指淫欲說的。貪還有時間性，瞋可就沒有了。遇到什麼事就發火，發火就是發脾氣。如何能斷除？「一念瞋心起，百萬障門開」。三毒哪個重？瞋恨心最重。遇緣就發，隨時都發。不論淫心也好、瞋恨心也好、愚癡心也好，都如是。愚癡就是糊塗，迷迷糊糊的，一念觀世音菩薩，三毒就減輕了，不是一下子能斷得了的。但是這個不是說你一次念、兩次念，要常時的念，你的修行功夫就是念觀世音菩薩聖號。

當你念聖號的時候，集中觀想菩薩的慈悲，當你念菩薩，心裡想觀世音菩薩，那個貪、瞋、癡的心就沒有了。能念的本身就是智慧，沒有智慧你不會念的，那把愚癡就消失了。當念觀世音菩薩的時候，你不會發火也發不起來；念觀世音菩薩的時候，欲念生不起來也不會想的。若想斷淫、怒、癡，就念觀世音。

〈普門品〉教我們修行的方法就是稱聖號，念觀世音菩薩就解決問題，能了生死，最後生到極樂世界，一切都了了，直至成佛。

「無盡意。觀世音菩薩有如是等大威神力。多所饒益。是故眾生。常應心念。」

最後，佛跟無盡意菩薩說，觀世音菩薩有如是的大威神力，饒益眾生，「是故眾生，常應心念」。這句話就是告訴我們，不是你遇到災難的時候才念，平常時間都應當如是念，得到菩薩的加持利益你，消災乃至於成道。不是一點點的小感應，遇到災害就得脫離了，念念觀世音菩薩脫離了，這是一時的。你若想斷煩惱，斷貪、瞋、癡，你得常時修觀音法門。在《法華經》，要修觀音法門，念聖號就行了。其他的，像你念〈大悲咒〉、修耳根圓通，方便門有多種，《法華經》說，你平時念念觀世音菩薩就可以了。

「若有女人。設欲求男。禮拜供養觀世音菩薩。便生福德智慧之男。設欲求女。便生端正有相之女。宿植德本。眾人愛敬。」

有的父母沒有兒子，想求個兒子，那就求觀世音菩薩。大家看送子觀音的像，觀世音菩薩專門滿眾生的願，求男得男，求女得女。「設欲求女，便生端正有相之女」，這個女孩的道德很高，受到一切眾生的愛敬，求男得男，求女得女。這是求子嗣的。

「無盡意。觀世音菩薩有如是力。若有眾生。恭敬禮拜觀世音菩薩。福不唐捐。是故眾生。皆應受持觀世音菩薩名號。」

「觀世音菩薩有如是力」，都是什麼力量呢？求男得男，求女得女。若在危難之中，一念觀世音菩薩就消失了，水火災難都能免除。

「恭敬禮拜觀世音菩薩，福不唐捐」，說你在修觀音法門的當中，只是一念念觀世音菩薩聖號，功德不會白白浪費，「不唐捐」就是都能成就。因此眾生都應當受持觀世音的名號，並沒有說修行其他的法門，只是念觀世音菩薩的名號，就能夠成道。因為觀世音菩薩的德，進入你的心，你的心能夠跟觀世音菩薩的德合在一起。

「無盡意。若有人受持六十二億恆河沙菩薩名字。復盡形供養飲食衣服臥具醫藥。於汝意云何。是善男子善女人。功德多不。」

假使有這樣的一個眾生，只受持菩薩的名號，受持多少個菩薩名號呢？六十二億恒河沙。恒河的沙，一粒作為一菩薩，一個恒河都無量了，六十二億恒河沙更是無量了。為什麼舉恒河沙？佛說法都在恒河流域裡頭；又者恒河的沙很細，形容無量數的意思。

「復盡形供養飲食衣服臥具醫藥」，「盡形」就是沒死之前，只要活一天就供養一天，供養什麼？供養菩薩衣服臥具醫藥，這叫四事供養，供養六十二億恒河沙菩薩的。「於汝意云何，是善男子善女人，功德多不？」（「不」字或有版本作「否」字）你想一想，這個功德多不多？供養六十二億的恒河沙菩薩。

「無盡意言。甚多。世尊。佛言。若復有人。受持觀世音菩薩名號。乃至一時禮拜供養。是二人福。正等無異。於百千萬億劫。不可窮盡。無盡意。受持觀世音菩薩名號。得如是無量無邊福德之利。」

無盡意菩薩答覆佛說：很多！這一個人供養六十二億恒河沙菩薩，若有另一個人只受持觀世音菩薩名號，以受持觀世音菩薩一人和供養六十二億恒河沙那麼多菩薩相比，那一個人只稱觀世音菩薩名號，另一個人稱六十二億恒河沙菩薩名號，也作四事供養，校量這兩個人的福德，誰大誰小？

佛跟無盡意菩薩說，平等！平等！六十二億恒河沙菩薩供養一生，跟另一個人供養觀世音菩薩一時，他們兩人所得到的果德，所得到的報酬，平等平等，也就是說「正等無異」。供養觀世音菩薩，跟供養六十二億恒河沙菩薩是一樣的。「於百千萬億劫，不可窮盡」，你一時供養觀世音菩薩的福德，經過百千萬億劫還不能盡，你去享受這個福德。

「無盡意，受持觀世音菩薩名號，得如是無量無邊福德之利」，這是形容，你若供養觀世音菩薩，福德可大了，顯示供養觀世音菩薩的福德很大。

「無盡意菩薩白佛言。世尊。觀世音菩薩云何遊此娑婆世界。云何而

為眾生說法。方便之力。其事云何。」

無盡意菩薩又向佛說：「世尊，觀世音菩薩云何遊此娑婆世界？」（「遊」字或有版本作「游」字）說他來到娑婆世界都做些什麼事呢？我們再說明白一點，觀世音菩薩來到這個娑婆世界，他是如何利益眾生？他不是大慈大悲利益眾生嗎？怎麼樣對眾生說法？怎麼樣使眾生得利益？他的方便善巧力量都做些什麼？所以無盡意向佛請求，讓佛說一說，觀世音菩薩在娑婆世界都做些什麼？

「佛告無盡意菩薩。善男子。若有國土眾生。應以佛身得度者。觀世音菩薩即現佛身而為說法。」

佛就向無盡意菩薩說，你聽吧！觀音菩薩都做些什麼事呢？「若有國土眾生，應以佛身得度者，觀世音菩薩即現佛身而為說法」，因為這個眾生他的心念中，一心求佛，不求其他，唯有佛才能得度。在這個時候，觀世音菩薩就現佛身，求佛就現佛身，給他示現佛身來度他，以佛身來給他說法。

「應以辟支佛身得度者。即現辟支佛身而為說法。應以聲聞身得度者。即現聲聞身而為說法。應以梵王身得度者。即現梵王身而為說法。應以帝釋身得度者。即現帝釋身而為說法。」

「應以辟支佛身得度者，即現辟支佛身而為說法」，這是緣覺身。觀世音菩薩本身就是菩薩，如果求菩薩法，觀世音菩薩給他說了。有求辟支佛就是求緣覺身的人，觀世音菩薩就給他說辟支佛法，也就是十二因緣法。

「應以聲聞身得度者，即現聲聞身而為說法」，這是四果阿羅漢。總而言之，想求什麼法，觀世音菩薩就示現什麼身給他說法。他想當梵王，觀世音菩薩就示現梵王身給他說法，想作帝釋天王，觀世音菩薩就現帝釋天王給他說法。

「應以自在天身得度者。即現自在天身而為說法。應以大自在天身得度者。即現大自在天身而為說法。應以天大將軍身得度者。即現天大將軍身而為說法。應以毘沙門身得度者。即現毘沙門身而為說法。應以小王身得度者。即現小王身而為說法。」

「應以天大將軍身得度者，即現天大將軍身而為說法，應以毘沙門身得度者，即現毘沙門身而為說法。」這是代表四天王的，毘沙門是北天王。應以小王身得度者，觀世音菩薩現小王身而為說法。這是觀世音菩薩的三十二應。

「應以長者身得度者。即現長者身而為說法。應以居士身得度者。即現居士身而為說法。應以宰官身得度者。即現宰官身而為說法。應以婆羅門身得度者。即現婆羅門身而為說法。應以比丘比丘尼。優婆塞優婆夷身得度者。即現比丘比丘尼。優婆塞優婆夷身而為說法。」

應以何身得度者，觀世音菩薩就現什麼身給他說法。現身就是化現，應身應現，應眾生的機給他說法。乃至於「應以比丘、比丘尼、優婆塞、優婆夷身得度者」，觀世音菩薩就現比丘、比丘尼、優婆塞、優婆夷身而為說法。

「應以長者居士宰官婆羅門婦女身得度者。即現婦女身而為說法。應以童男童女身得度者。即現童男童女身而為說法。應以天龍。夜叉。乾闥婆。阿修羅。迦樓羅。緊那羅。摩睺羅伽。人非人等身得度者。即皆現之而為說法。應以執金剛神得度者。即現執金剛神而為說法。」

「應以長者居士宰官婆羅門婦女身得度者」，觀世音菩薩就以婦女身而為說法。「應以童男童女身得度者，即現童男童女身而為說法，應以天龍、夜叉、乾闥婆、阿修羅、迦樓羅、緊那羅、摩睺羅伽、人非人等身得度者，即皆現之而為說法。」無處不應，應以何身得度就現何身。因為示現同類才容易度，這叫示現同類身。「應以執金剛神得度者，即現執金剛神而為說法」，這就是觀世音菩薩的方便善巧力。

「無盡意。是觀世音菩薩。成就如是功德。以種種形遊諸國土。度脫眾生。是故汝等。應當一心供養觀世音菩薩。」

應以什麼身得度，觀世音菩薩就現種種形，沒有一定的。「遊諸國土，度脫眾生」（「遊」字或有版本作「游」字），要看是什麼機，觀世音菩薩就現什麼相。觀世音菩薩成就這些功德力量，以種種形遊諸國土。你問觀世音菩薩怎麼在娑婆世界度眾生、怎麼遊於娑婆世界？就是這麼樣遊的。

佛法的方便善巧，為什麼能如是示現？空故。空是隨緣而建立一切諸法，因為觀世音菩薩本身不定，隨緣而定，菩薩本身是空，性空，三十二應是緣起。

緣起是眾生有什麼根機，應以何身得度，觀世音菩薩就現什麼身而度，所以他自在。在《心經》上叫觀自在，《法華經》叫觀世音，觀世間的音聲來度。在密宗裡頭，「白度母」、「綠度母」，所有修觀音法門的，隨類都示現。因為法身隨緣，示現一切化身，「是故汝等，應當一心供養觀世音菩薩」，讚歎觀世音菩薩，對無盡意菩薩說，你若想求福，要想成道，就如是供養觀世音菩薩。但是要一心，要至誠懇切。

「是觀世音菩薩摩訶薩。於怖畏急難之中。能施無畏。是故此娑婆世界。皆號之為施無畏者。」

「摩訶薩」就翻為「大」，菩薩之中的大菩薩。觀世音菩薩在危難怖畏中，眾生在恐怖的時候，觀世音菩薩就施給無畏，叫他不恐怖，無所畏懼。因此娑婆世界給他起個德號，叫「施無畏者」。這個布施不是錢財，布施你沒有恐怖，遇上任何災難，一念觀世音菩薩就解決了，沒有恐怖。

「無盡意菩薩白佛言。世尊。我今當供養觀世音菩薩。即解頸眾寶珠瓔珞。價值百千兩金。而以與之。」

說到這裡，無盡意菩薩又向佛言，「世尊，我今當供養觀世音菩薩」，我想供養觀世音菩薩。菩薩都掛有瓔珞寶珠，比丘比丘尼不行，菩薩是在家的，所以就把身上配備的一切瓔珞、珠寶來供養觀世音菩薩，「價值百千兩金，而以與之」（「與」字或有版本作「予」字），就供養觀世音菩薩。

「作是言。仁者受此法施珍寶瓔珞。時觀世音菩薩不肯受之。無盡意復白觀世音菩薩言。仁者愍我等故。受此瓔珞。」

供養時，得表白說一說，「仁者受此法施珍寶瓔珞」，我以此供養菩薩的法，這是財物供養，把它轉成法物，希望菩薩普遍利益眾生說法。「時觀世音菩薩不肯受之」，觀世音菩薩不接受他的供養。「無盡意復白觀世音菩薩言」，人家不接受，他就再請。「仁者愍我等故」，這不是我個人的供養，「我等」是指所有法會的大眾，無盡意代表大眾，請他受此瓔珞。

「爾時佛告觀世音菩薩。當愍此無盡意菩薩。及四眾。天龍。夜叉。乾闥婆。阿修羅。迦樓羅。緊那羅。摩睺羅伽。人非人等故。受是瓔珞。」

在這個時候，佛就告訴觀世音菩薩說：「當愍此無盡意菩薩，及四眾」，說你應當接受他們的供品，給他們消災，這是哀愍的涵義。因為與會的這些天龍八部，為使他們消災免難，應該接受無盡意菩薩的供養，無盡意菩薩是代表大家供養。

「即時觀世音菩薩愍諸四眾。及於天龍。人非人等。受其瓔珞。分作二分。一分奉釋迦牟尼佛。一分奉多寶佛塔。」

經過佛的囑託，「即時觀世音菩薩愍諸四眾」，「愍」就是憐愍，接受四眾的供養，施給眾生的慈悲無畏。「及於天龍，人非人等，受其瓔珞」，觀世音菩薩接受無盡意的供養之後，他又轉供養，把瓔珞分作兩份。為什麼？因為還有多寶如來。觀世音菩薩一分奉給釋迦如來，一分供養多寶如來。

「無盡意。觀世音菩薩有如是自在神力。遊於娑婆世界。」

「無盡意，觀世音菩薩有如是自在神力，遊於娑婆世界」（「遊」字或有版本作

「游」字），這就圓滿了。佛就跟無盡意菩薩說，觀世音菩薩自在的神力，這些示現的各各相都是他的神力，他是這樣來化度娑婆世界的。無盡意菩薩恐怕大眾記不住，用偈頌體裁再誦一遍。（依《法華纂要》引述《續高僧傳》所言，以下重頌為隋天竺三藏法師闍那崛多所譯，姚秦本缺。另，闍那「崛」多的「崛」字或有版本作「掘」字。）

「爾時無盡意菩薩以偈問曰：
世尊妙相具　我今重問彼　佛子何因緣　名為觀世音
具足妙相尊　偈答無盡意」

世尊，請你允許我，觀世音菩薩是什麼因緣叫觀世音呢？「具足妙相尊，偈答無盡意」，佛也用偈頌體裁來答覆無盡意菩薩。

「汝聽觀音行　善應諸方所

弘誓深如海　歷劫不思議　侍多千億佛　發大清淨願
我為汝略說　聞名及見身　心念不空過　能滅諸有苦」

「汝聽觀音行」，說你要仔細聽，聽聽看看觀世音菩薩的所作所為。他利益眾生是誰有求，他就應，有感就應，善應！不是隨隨便便的應。讓人家能夠得到解脫，得到幸福。不管誰求，他都能夠善應。由於他過去的大誓願，弘誓廣大，甚深如海。「弘誓深如海」（「弘」字或有版本作「宏」字），說他的誓願像海那麼深，無論經過多長的時間，都是如是利益。不是你能想得到，不是大家能議論得到的。自從他發心以來供養諸佛，他侍奉了千億佛，這是大數，不止千億。「發大清淨願」，「我為汝略說」，現在我跟你說的是簡略的，不是詳細的。

聽到觀世音菩薩的名字，「聞名及見身」，這個身包括身相，現在我們都可以見到觀世音像，特別是在此土，觀音像特別多，見到的都是女性的慈悲相。「心念不空過」，你見聞了不要白白過去，那就浪費了。心裡要思念，這個念包括觀想，不是口頭的念念，要心念才有力量。你一念觀世音菩薩，一切苦難都消失了。「能滅諸有苦」，三界二十五有，人間的、天上的一切苦，一切的生滅苦都滅除掉。

「假使興害意　推落大火坑　念彼觀音力　火坑變成池
或漂流巨海　龍魚諸鬼難　念彼觀音力　波浪不能沒」

假使有人要害你，或者是把你推到大火坑去，「念彼觀音力，火坑變成池」，火坑變成一個淺水、池塘。池塘水一洗就清涼，火坑就是熱惱的。或者漂流在大海當中，遇到龍難、鬼難、魚難，一念觀音力，災難皆消失了，「波浪不能沒」，不會沉到海底。

「或在須彌峯　為人所推墮　念彼觀音力　如日虛空住

或被惡人逐　墮落金剛山　念彼觀音力　不能損一毛」

或在須彌山上，或者在高山頂上，被人家害了，把你推到山下去；你一念觀音力，就像太陽在虛空中住，一點危害都沒有，自自在在的，在空中住。太陽住虛空，月亮太陽都在虛空中住。他把你推到山下的時候，你在虛空中住，不會墮下去，不會摔壞的。

「或被惡人逐，墮落金剛山」，金剛山是須彌山外圍的一座山，你失足落到金剛山，「念彼觀音力，不能損一毛」，一根汗毛都不會受損害的，這是念觀音的力量。

「或值怨賊繞　各執刀加害　念彼觀音力　咸即起慈心

或遭王難苦　臨刑欲壽終　念彼觀音力　刀尋段段壞」

本來要執刀殺害的，因為你念觀音力，不殺你了，他也生起大悲心。「或遭王難苦，臨刑欲壽終」，或者受到國家的法律制裁，若是判了死刑，將要執刑，一念觀音力，「刀尋段段壞」。「刀尋段段壞」，槍斃能一槍打死嗎？不拿刀，拿槍打你，槍也打不響。這類事情很多。

「或囚禁枷鎖　手足被杻械　念彼觀音力　釋然得解脫
呪詛諸毒藥　所欲害身者　念彼觀音力　還著於本人
或遇惡羅剎　毒龍諸鬼等　念彼觀音力　時悉不敢害
若惡獸圍繞　利牙爪可怖　念彼觀音力　疾走無邊方」

這些都不用解釋，文字本身就說的很清楚。

「蚖蛇及蝮蠍　氣毒煙火然　念彼觀音力　尋聲自回去

雲雷鼓掣電　降雹澍大雨　念彼觀音力　應時得消散
眾生被困厄　無量苦逼身　觀音妙智力　能救世間苦
具足神通力　廣修智方便　十方諸國土　無剎不現身
種種諸惡趣　地獄鬼畜生　生老病死苦　以漸悉令滅」

生老病死，沒有誰來害你，誰也躲不脫。「悉令滅」，就是成道了，再不受生死老病，你證了二乘果位，不受生老病死苦。

「真觀清淨觀　廣大智慧觀　悲觀及慈觀　常願常瞻仰
無垢清淨光　慧日破諸闇　能伏災風火　普明照世間
悲體戒雷震　慈意妙大雲　澍甘露法雨　滅除煩惱燄
諍訟經官處　怖畏軍陣中　念彼觀音力　眾怨悉退散

妙音觀世音　梵音海潮音　勝彼世間音　是故須常念
念念勿生疑　觀世音淨聖　於苦惱死厄　能為作依怙
具一切功德　慈眼視眾生　福聚海無量　是故應頂禮

爾時持地菩薩。即從座起。前白佛言。世尊。若有眾生聞是觀世音菩薩品自在之業。普門示現神通力者。當知是人功德不少。

「自在之業」，於七難三毒二求中，皆得大自在。若能聞到普門現示神通力，就算是聽一聽，功德也不少。能聞到觀世音菩薩利益眾生的事業，聽到觀世音菩薩顯現神通力，你已經得到很大的功德。

無盡意菩薩向佛這樣表白，持地菩薩同時起來證明觀世音菩薩的功德力量。至此，〈普門品〉圓滿了。

「佛說是普門品時。眾中八萬四千眾生。皆發無等等阿耨多羅三藐三菩提心。」

佛在說《法華經》〈普門品〉的時候，會中有八萬四千眾生，都發了無上正等正覺菩提心，要成佛。發心有三種，一是觀行發心，二是相似發心，三是分證發心；這裡的發菩提心等於什麼位置呢？分證發心，等於《華嚴經》的初發心住菩薩，他們發了菩提心、住在菩提心上。

觀世音菩薩普門品淺釋　竟

國家圖書館出版品預行編目資料

妙法蓮華經導讀 / 夢參老和尚講述 ;
方廣文化編輯部編輯整理. -- 2版. -- 臺北市 :
方廣文化, 2020.03　　面 ;　公分
ISBN 978-986-7078-94-0(精裝)
1. 法華部
221.51　　108005393

妙法蓮華經導讀

主　　講：夢參老和尚
編輯整理：方廣文化編輯部
封面攝影：妙妙
設　　計：鎏坊工作室
出　　版：方廣文化事業有限公司
通訊地址：10699台北市大安區青田郵局第120號信箱
電　　話：02 2392-0003
傳　　真：02 2391-9603
劃撥帳號：17623463　方廣文化事業有限公司
網　　址：http://www.fangoan.com.tw
電子信箱：*fangoan@ms37.hinet.net*
裝　　訂：精益裝訂股份有限公司
出版日期：2024年4月　二版(修訂)二刷
定　　價：新台幣300元（精裝）
總 銷 商：聯合發行股份有限公司
電　　話：02 2917-8022
傳　　真：02 2915-6275
行政院新聞局出版登記證：局版臺業字第六〇九〇號
ISBN：978-986-7078-94-0
No.T305
Printed in Taiwan

夢參老和尚系列
書籍

方廣文化出版品目錄〈一〉

● 八十華嚴講述

HP01 大乘起信論淺述 (八十華嚴導讀一)
H208 淺說華嚴大意 (八十華嚴導讀二)
H209 世主妙嚴品 (第一至三冊)
H210 如來現相品·普賢三昧品 (第四冊)
H211 世界成就品·華藏世界品·毘盧遮那品 (第五冊)
H212 如來名號品·四聖諦品·光明覺品 (第六冊)
H213 菩薩問明品 (第七冊)
H214 淨行品 (第八冊)
H215 賢首品 (第九冊)
H301 升須彌山頂品·須彌頂上偈讚品·十住品 (第十冊)
H302 梵行品·初發心功德品·明法品 (第十一冊)
H401 升夜摩天宮品·夜摩宮中偈讚品·十行品·十無盡藏品 (第十
(H501～H903 陸續出版中......)

● 華 嚴

H203 淨行品講述
H324 華嚴經梵行品新講 (增訂版)
H205 華嚴經普賢行願品講述
H206 華嚴經疏論導讀
H255 普賢行願品大意

● 天 台

T305 妙法蓮華經導讀

● 楞 嚴

LY01 淺說五十種禪定陰魔—《楞嚴經》五十陰魔章
L345 楞嚴經淺釋 (全套三冊)

方廣文化出版品目錄〈二〉

● 地藏三經

地藏經

D506 地藏菩薩本願經講述 (全套三冊)
D516 淺說地藏經大意

占察經

D509 占察善惡業報經講記 (附HIPS材質占察輪及修行手冊)
D512 占察善惡業報經新講

大乘大集地藏十輪經 D507 (全套六冊)

D507-1 地藏菩薩的止觀法門 (序品 第一冊)
D507-2 地藏菩薩的觀呼吸法門 (十輪品 第二冊)
D507-3 地藏菩薩的戒律法門 (無依行品 第三冊)
D507-4 地藏菩薩的解脫法門 (有依行品 第四冊)
D507-5 地藏菩薩的懺悔法門 (懺悔品 善業道品 第五冊)
D507-6 地藏菩薩的念佛法門 (福田相品 獲益囑累品 第六冊)

● 般 若

B411 般若波羅蜜多心經講述 (合輯本)
B406 金剛經
B409 淺說金剛經大意

● 開 示 錄

S902 修行 (第一集)
Q905 向佛陀學習 (第二集)
Q906 禪・簡單啟示 (第三集)
Q907 正念 (第四集)
Q908 觀照 (第五集)

方廣文化出版品目錄〈三〉

方廣文化出版品目錄〈四〉

密宗系列

M001 菩提道次第略論釋 (全套四冊)
M002 勝集密教王五次第論
M003 入中論釋
M004 大乘寶要義論(諸經要集)
M006 菩提道次第略論
M007 寂天菩薩全集
M008 菩提道次第廣論
M010 菩提道次第修法筆記
M011 白度母修法(延壽法門修法講解)
M012 中陰-死亡時刻的解脫
M018 菩提道次第廣論集註 (卷一～卷十三)
M019 佛教的本質-《佛教哲學與大手印導引》
M020 業的力量-(與死亡的恐懼共處)

能海上師系列

N601 般若波羅蜜多教授現證莊嚴論名句頌解
N602 菩提道次第論科頌講記
N345 戒定慧基本三學
N606 能海上師傳
N607 現證莊嚴論清涼記
N608 菩提道次第心論

論頌系列

L101 四部論頌(釋量論頌 現證莊嚴論頌 入中論頌 俱舍論頌)
L102 中觀論頌 (中摺本)
L103 入菩薩行論頌 (中摺本)
L104A 彌勒菩薩五部論頌
L105A 龍樹菩薩論頌集
L106 中觀論頌釋
R001 入中論頌 (小摺本)

方廣文化出版品目錄〈五〉

南傳佛教系列

SE05 七種覺悟的因素
SE06 南傳大念處經 (中摺本)
SE07 三十七道品導引手冊 (阿羅漢的足跡增訂版)
SE08 內觀基礎 《從身體中了悟解脫的真相》
SE09 緬甸禪坐 《究竟的止觀之道》(增訂版)

其他系列

Q701 單老居士文集
Q702 肇論講義
Q703B 影 塵–倓虛老法師回憶錄
Q705 佛學小辭典 (隨身版)
ZA01 參 禪《虛雲老和尚禪七開示》
ZA02 禪淨雙修《虛雲老和尚開示錄》
Z005 《禪宗公案》–李潤生著